カイロプラクター
勝田小百合

NATURAL ANTIAGEING

ナチュラル・アンチエイジング

きれいを保つ60の習慣

二見書房

NATURAL ANTIAGEING

本書で紹介している著者の愛用品

食品

玄米黒酢

200年も前から瓶壺を使った伝統的な手法で製造。アミノ酸の含有量が多い！（まるしげフーズライフ）

紅芋酢

アントシアニンが多く、お酢の中では抗酸化力No. 1だと思います。（飯尾醸造）

オリバード エキストラバージンアボカドオイル

ビタミンEがとにかく多い、アンチエイジングオイルです。（ヤカベ）

プレミアム・ロー・アガベシロップ・ライト

GI値がリンゴなみの25で、肌を糖化させない甘味料。（アンブロシア／オーガニック・ネクターズ）

和の玄米オイル

ガンマオリザノールが自律神経を整え、トコトリエノールはビタミンEの数十倍の抗酸化力あり！（リブレライフ）

オメガ・ニュートリション社フラックスシードオイル

不足しがちなオメガ3脂肪酸の補給に、毎日大さじ1杯欠かせません。（アトワ）

天然オリゴ糖

腸のビフィズス菌をとにかく増やします。ずっと続けるとわかります。(ゆらぎ)

白みそ

蔵つき麹菌で仕込まれたみそ。最高にクリーミー!(マルカワみそ)

国産 菜の花畑 なたね油

酸化に強く、昔ながらの圧搾法のオイルです。(鹿北製油)

料理の要

アミノ酸がふつうの日本酒の3.5倍の島根県の料理酒。コクが出ます。(都錦酒造)

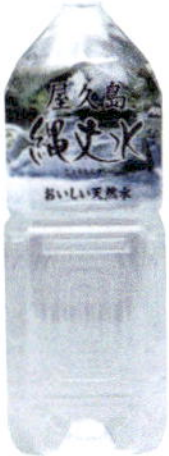

屋久島縄文水

縄文杉を育てた天然水。硬度10で超軟水です。(南日本酪農協同)(水広場)

霧島 火山岩深層水

わが家はここ2年ずっとこれです。中硬水で飲みやすい。(長寿乃里)

オーサワジャパン オーガニック粒マスタード

添加物や甘味料が入っていない粒マスタードです。(リマネットショップ)

酒醂

「味の母」よりさらに甘みを感じる、有機醸造調味料。オーガニックです。(味の一醸造)

味の母

醸造によるソフトな甘みで、料理に砂糖なしでいけます。(味の一醸造)

ミハネアイス
砂糖、乳製品不使用の純植物性のアイスクリーム。甘味はアガベシロップです。（ミハネアイス）

職人の夢こんなソースが造りたかった 有機中濃ソース
ごくわずかの麦芽水飴のみ使用の、オーガニックのソース。（光食品）

オーガニック フルーティーケチャップ
オールオーガニックで砂糖不使用の希少なケチャップです。（タカハシソース）

アリサン ドライアップル
オーガニックのドライアップル。フワフワした独特の触感でおいしいです。（アリサン／テングナチュラルフーズ）

宮古ビデンスピローサ茶
抗炎症作用のある飲む美容液のようなお茶。アレルギーや冷え性の方にも◎（うるばな宮古）

有機農法ビール
日本産のオーガニックビール。とにかくすっごくおいしいです。（日本ビール）

スキンケア・メイクなど

オーブリーオーガニクス シルケンアース ブラッシュパウダー
色によっては配合されているものもありますが、酸化チタン不使用です。（ミトク）

アルジタル グリーンクレイペースト
ミネラルの多いグリーンクレイのペースト状パック。毛穴の汚れに。（石澤研究所）

24h ノンナノパウダーファンデーションセット
ノン合界、ノンシリコーン、ノンナノ。（ナチュラピュリファイ研究所／24h コスメ）

ジェーン・アイルデール
アイペンシル
発色しやすいので、まぶたを傷めません。成分良好。（エム·アール・アイ）

Make My Key
ミネラルアイブロー
成分安心なのはもちろん、とても自然な眉毛が描けます。（MIMC）

ミネラルカラーパウダー
ノンシリコーン、天然色素のアイシャドーです。発色もきれい。（MIMC）

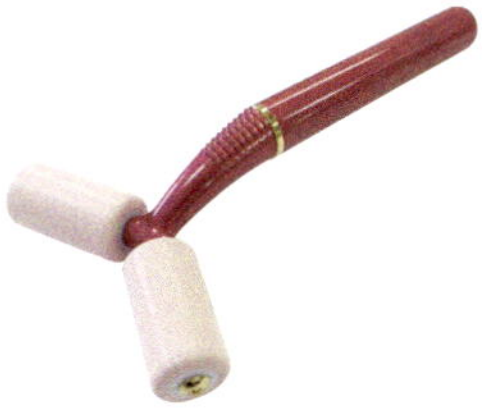

ホルミシスローラー
Dr.T ルナビジン
微弱な天然放射線が出る鉱石が練りこまれたシリコンローラーが作用します。（愛昌）

自分がほしいものを開発したので、やはりメインで愛用しています。（すべてアムリターラ）
（写真左から）

・リラックスアロマクレンジングクリーム
合成界面活性剤を使用せず、レシチン乳化で作ったクレンジング。

・アクティブリペアタイムレスセラム
DNAの修復酵素の働きを高めるAC-11を高濃度に配合。

・ソフトクレイジェルウォッシュ
石けんより脱脂しないクレイジェル洗顔料。少しおくとパックにもなります。

・ホワイトエッセンスフルーティオイル
ハマナスのバラを漬けこんだオイルなどが入った、美白に効果的なオイル美容液。

・ベリーズビューティーサンスクリーン
酸化チタン、酸化亜鉛、紫外線吸収剤不使用の植物性のサンスクリーン。

・ビューティーエイジトリートメントオイル
ボリジオイル、ローズヒップオイルなど配合のエイジングケアにうれしい美容液オイル。

・ホワイトバーチモイストウォーター
白樺樹液を非加熱で化粧水に。ターンオーバーを正常にします。

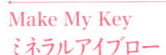

日用品

完全遮光サンバイザー

完全遮光日傘

紫外線、赤外線、可視光線を100％さえぎる完全遮光の布でできているシリーズです。（サンバリア100）

ムシさんバイバイ
防虫スプレー台所害虫用

ゴキブリが嫌いな天然の香りの、安心できる防虫スプレー。（生活アートクラブ）

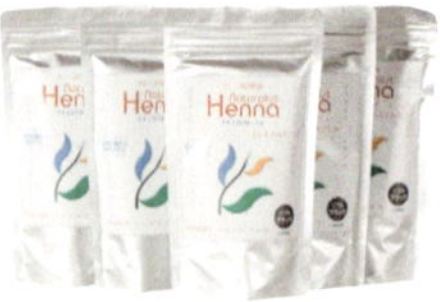

ナチュラリスト・ヘナ

髪を染めるローソンという成分が多いヘナを使った最高級品。インディゴ配合で黒髪に。（いいヘナ.com）

スーピマエンジェル

夢のようにやわらかい、オーガニックコットンのタオル。（天衣無縫）

フェイスonワンピ．

UVカット加工の布でできた、顔の下半分に着るワンピース。反射がすごい炎天下に◎（プリアベール）

ローズシャンプー

石けんシャンプーなのにキシキシせず、仕上がりもごわつかない奇跡のシャンプー。（アンティアンティ）

MBT（フットウェア）

裸足で草むらを歩くように歩けます。お尻や足が引き締まり正しい歩き方が楽。（エバニューMBT Div.）

肩楽ピロー

ストレートネックを改善するネックピロー。1日15分続けています。（eyeco）

バジャー プロテクト シェイクアンドスプレー

虫が嫌うシトロネラ、ウィンターグリーンなどの精油入り。（アイシスオーガニック生活便）

万能粉石鹸えみな premium

還元力のあるすごい洗剤。歯も磨けるし、うすめてお花にもあげられます。（会田総合研究所／エコット）

オーブリーオーガニクス GPBコンディショナー

化学物質、シリコーンフリーなのに、髪がしっとりツヤツヤに。（ミトク）

歯みがき（ハーブ）

強い研磨剤を含まないため歯ぐきにやさしい、泡立たないハーブ歯磨き。（ヴェレダ）

メイド・イン・アースのソックス

オーガニックコットンの靴下。丈夫で長持ち。（メイド・イン・アース／チーム・オースリー）

ミュッターの下着

オーガニックコットンの下着屋さん。縫い糸までオーガニックにできます。（オーガニックコットンのミュッター）

モーニング・スパーク

ローズマリー、ラヴァンジン、ジンジャー、ペパーミント、マヌカなどの精油のブレンド。（SHIGETA）

ハーバルマウスウォッシュ

セージ、プロポリスなどを配合。ガラスのコップの水に数滴落とし、お口をゆすぎます。（ロゴナ）

マスティック ティートゥリープラス

マスティックの樹脂でできた、研磨剤不使用の歯磨き剤。（漢方歯科医学研究所）

ナチュラルメディスン&サプリメント

100%Pure New Zealand Honey社 ハニーバレー マヌカハニー UMF15+

ニュージーランドのマヌカのはちみつ。(ハンズトレーディング)

金時ショウガ末

ふつうのしょうがの4～6倍のジンゲロールショウガオール含有。お茶にスプーン1杯で初期の風邪撃退!(茶々)

プロポリススプレー

プロポリスと精油とマヌカハニー、ブナハニー配合の、のどスプレー。初期ののど風邪はこれで!(ゆらぎ)

ミントクリーム

馬油、ミツロウ、ハッカ油のクリーム。虫刺され時に使っています。(北見ハッカ通商)

ブリーズイージーバーム

ユーカリやペパーミントなどがせきをしずめ、鼻の通りもよくしてくれます。(パーフェクトポーションジャパン)

エクレクティック社 ハーブチンキ・ヒソップ

子どもにも安心な、天然のせき止めです。(ニードインターナショナルジャパン)

ゼオクリア

微粒子の国産のゼオライト鉱石を水に分散させたサプリ。有害重金属と結合して体外に排出。(エッセンチア)

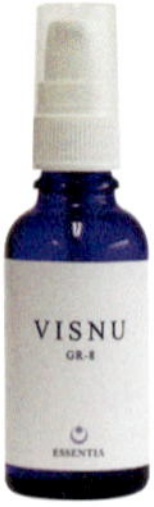

ヴィシュナ

プロポリスと精油のコラボレーションで、ピロリ菌などさまざまな菌を制菌します。(エッセンチア)

アポディア プロポリスバーム

息子のとびひなど、すごい威力を発揮してくれました。(アポディア)

アクティブミネラル

アメリカのユタ州に奇跡的に残っていた古代植物のミネラル水溶液。吸収率がすごい。（フェイスドクター）

フィトエナジーミネラル

島根県と鳥取県の野生の植物と海藻を焼いたミネラルの水溶液。すごい還元力です。（アムリターラ）

マリンコラーゲンパウダー

石油系化学溶剤などを使用しない、安心抽出の天然鮭皮コラーゲンパウダー。（アムリターラ）

アミノキレート

18 種類のアミノ酸と代謝に必要なビタミンミネラルを配合。材料はすべて植物か酵母由来。（ナチュラルウェブ）

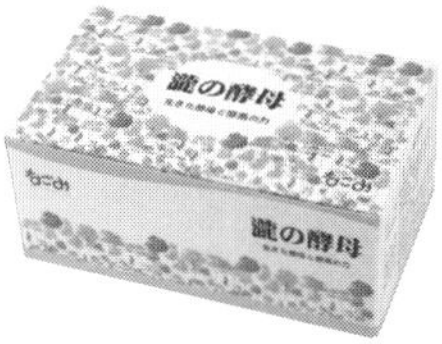

瀧の酵母

老舗の酒蔵にすむ蔵つき酵母、パン酵母、100 種類以上の植物を発酵させた酵素サプリ。（アムリターラ）

ベジ・シリカ

シリカは、コラーゲンを束ねているミネラルです。たるみ防止に。（健康デザイン）

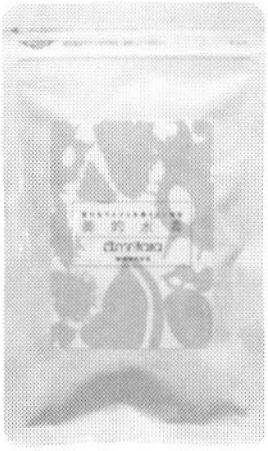

美的水素

活性酸素の中でもっとも凶暴なヒドロキシラジカルを無害な水に変えるマイナス水素イオンサプリ。（アムリターラ）

AOZA

いわし由来の DHA、EPA、ビタミンD、CoQ10 が豊富。メチル水銀、ダイオキシンの蓄積なし！（ドクタースマイル）

スピルリナ 100%

たんぱく質が 65%。アミノ酸も 20 種類。ビタミンB_{12} が多いのも魅力。（スピルリナ普及会）

はじめに

いくつになっても若々しくきれいでいたい！　これは、すべての女性の夢のひとつだと思います。

撮られるのがうれしかった写真が、なんだか嫌だなーと思い始めた33歳の頃から、私はアンチエイジングを志すようになりました。

もともとオーガニックライフを送っていたこともあり、ボトックス注射などのケミカルな方向ではなく、「ナチュラルにアンチエイジングして、細胞からきれいになりたい！」という夢に、大真面目に邁進《まいしん》するようになりました。

私はカイロプラクターをしているのですが、30代〜40代の女性の患者さんが多く、エイジングの悩み相談もよく受けます。そのうえ凝り性でもあるので、アンチエイジングの興味は、骨格のゆがみを整えることから、エクササイズ、顔の筋トレ、マッサージ、姿勢、栄養学、食事のとり方、抗酸化物質、還元力、ホルモンバランス、脳の神経伝達、スキンケア、化粧品の選び方、サプリメントの選び方、精神世界……などあらゆる方面にわたり、どんどんエスカレートして拍車がかかって、いつしか「おたく」の域に達していきました（笑）。

6年前から「アンチエイジングの鬼」というブログを始めて、そこに私のナチュラル・アンチエイジング研究を書き綴ったところ、驚くほど多くの方から反響をいただくようになりました。ありがたいことに、現在までで1000万アクセスとなっています。

アンチエイジング法といえば、「○○が体によい！」という話ばかりが先行しますが、私のアンチエイジング法の基本は「○○をとらない」ということから始まります。

プラスを増やすには、まずはマイナスを減らすことが大切。現代の生活では、気がつかないうちに不自然な化学物質ばかり摂取していて、体をサビさせてしまっています。マイナスを減らすという、ただそれだけでも、体は飛躍的に変わります。

そのうえで還元力を活性化して、サビついた体をよみがえらせるのです。これは意外や意外、そんなにお金をかけなくても、毎日の生活の中のちょっとしたコツ次第で効果があります。

この本では、43歳1児の母として家庭と仕事を両立しながら暮らす私が、毎日、実際の生活の中で行なっている、ナチュラル・アンチエイジングの具体的な60の「習慣」について書いてみました。

何かビビッときたことが少しでもありましたら、ぜひ参考にしていただけるとうれしいです。

２０１１年10月

勝田小百合

目次

1章

細胞レベルから輝き続けるための「食事」の習慣

2章

シンプル&ナチュラルな「スキンケア・メイク」の習慣

3章

20代の見た目を維持する「カラダ」の習慣

4章

ちょっとのことで美人度が増す「ライフスタイル」の習慣

5章

自分を浄化して豊かになる「ココロ」の習慣

1章

NATURAL ANTIAGEING

細胞レベルから輝き続けるための「食事」の習慣

01 野菜の半分以上を生にし、生のものから口にする

私が実践している「ナチュラル・アンチエイジング」のための食事の習慣の中で、メインを占めるのは、「野菜の半分以上を生野菜にする」ことと「最初に必ず〝生〟のものを口にする」こと。この習慣を始めてから、もう5年がたとうとしています。

もともと生野菜が大好き。「体を冷やす」と聞いてもやめられず、モリモリと食べていましたが、生の食品（調理されていても48℃以下）には、人間の生命活動に欠かせない「酵素」がたっぷり含まれていることを知ってからは、自信を持ってますますたくさん食べるようになりました。

考えてみれば、野生の動物は調理などしませんから、食べるものはみんな生！　そのうえ服も着ませんし、基本的に外で暮らしますが、冷え症のヤギや羊がいるという話は聞きません。ただし、冷蔵庫で冷やしたものをそのまま食べると、当然、体は瞬間的に冷えますので、そんなところから「体を冷やす」と言われるようになったのか

もしれませんね。

生野菜を食べ続けたおかげもあって、私は今や代謝が上がり、平熱も36・7℃くらいになりました。もう、少しくらい冷えた野菜を食べても何ともありません。でも、冷えが気になる方は、最初は生野菜を常温近くまで戻してから食べたり、バーニャカウダなどの温ソース（ただし48℃以下）をつけて食べるといいと思います。

そもそも酵素は、大きく「消化酵素」「代謝酵素」「食物酵素」の3つに分けられます。消化酵素と代謝酵素は私たちの体の中でつくられる酵素（体内酵素）で、食べ物に含まれているのが食物酵素です。

生の食べ物にはこの食物酵素がいっぱい含まれていて、消化を助けてくれます。とくに、食事の最初に生のものを口にしておけば、あとに食べる食品の消化も助けてくれます。

食物酵素をたくさんとると、消化酵素がそれほど必要でなくなり、その分、体内で代謝酵素がたくさんつくられるようになります。代謝酵素が増えると、代謝が上がり、余分な体重も落ちやすくなります。老化のもととなる活性酸素を除去する「ＳＯＤ酵素」も増えます。

一生のうちに体内でつくられる酵素の量は決まっているので、より多くの量を代謝酵素にまわしたいものです。

そう、生の食べ物をたくさん食べて酵素をとることは、ナチュラル・アンチエイジングには欠かせないことなのです！

酵素は、生野菜、果物、おろし野菜、スムージー、手作りジュース、お刺身などに、たっぷり含まれています。漬物、生みそ、納豆、キムチなどの発酵食品にも含まれていますね。

酵素を意識した生活を送るようになってから、ダイエットをしなくても余分な体重が勝手に落ち、体温が上がって代謝と免疫力がアップしました。

【勝田式☆バーニャカウダソースのつくり方】

＊材料（2人分）

アボカドオイル（なければオリーブオイル）大さじ4、にんにく2片（みじん切り）、鷹の爪（輪切り）少々、アンチョビ（細かく刻む）小さじ2、豆乳75㎖、塩・こしょう各適量

①フライパンか鍋にオイルを入れ、にんにくと鷹の爪を加えて弱火で炒める。

②香りが出てきたらアンチョビを加え、塩・こしょうをふる。
③少し炒めたら、火をちょっと強めて豆乳を入れる。
④沸騰したら弱火にしてかき混ぜ、とろみがついたらできあがり。

にんじん、きゅうり、キャベツなどお好みの生野菜に、このソースをつけて食べてみてください。温野菜にも合います。

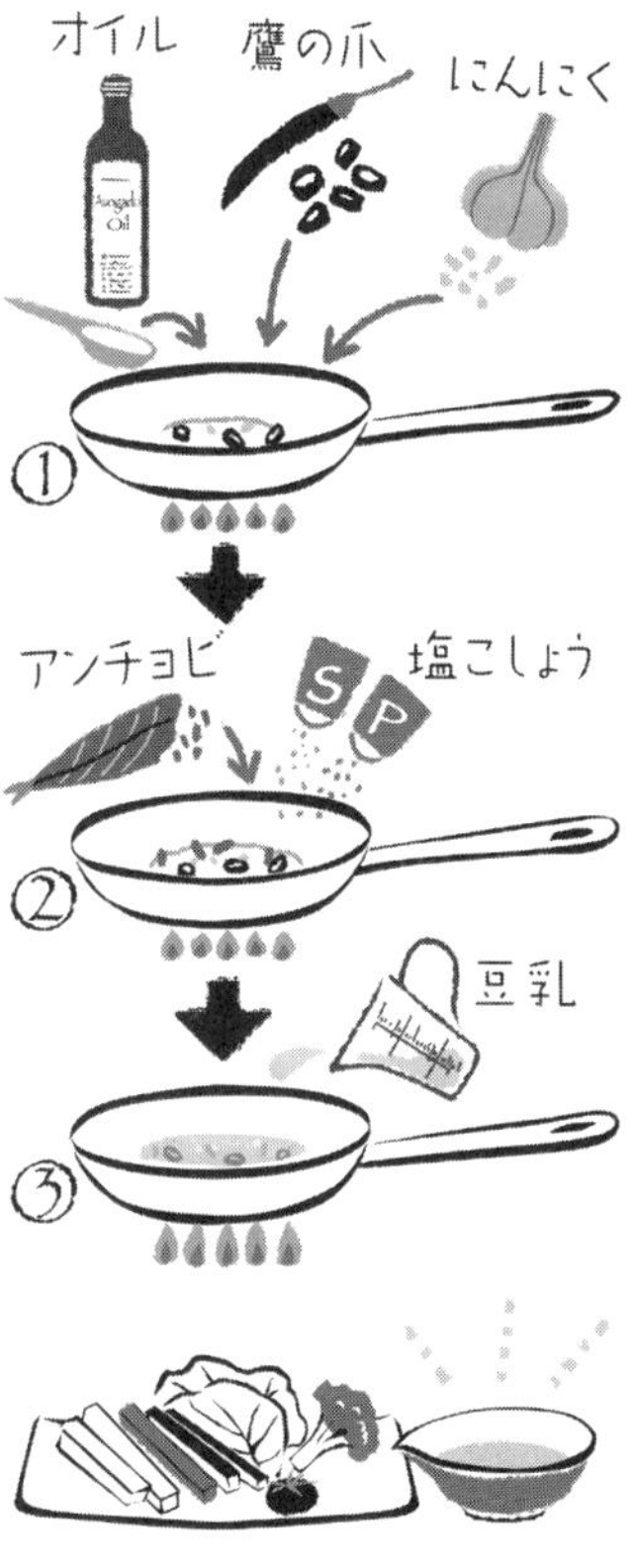

02 生野菜はスペシャルな材料の手作りドレッシングで

生野菜をたっぷりいただくうえで欠かせないのが、おいしいドレッシングです。市販のドレッシングには、砂糖や添加物、化学溶剤抽出法の油（44ページ）など、老化をうながす原料が入っていることが多いので、手作りが一番！

材料に使うお酢には、酵素を活性化したり、疲労物質を分解したり、血糖値の上昇を抑えたりと、いろいろな効能があるのもうれしいですね。

ここでは、ナチュラル・アンチエイジングのために私がよくつくる、特別なドレッシングレシピを公開しましょう。いずれも、材料を合わせて混ぜるだけです。これはドレッシングというより、もはや美容液です。

【抗酸化ドレッシング】 ※抗酸化力の高い紅芋酢でアンチエイジング!!

紅芋酢大さじ2、アボカドオイル大さじ2、やまいもおろし約5㎝分、しょうゆ小

さじ1、みりん小さじ2、塩・こしょう各少々

【疲労回復ドレッシング】※疲労を取るクエン酸の多いお酢を使います!!
りんご酢またはもろみ酢大さじ1、米ぬかオイル大さじ2、りんごおろし大さじ1、玉ねぎおろし大さじ1、塩・こしょう各適量

【美肌ドレッシング】※アミノ酸が多い黒酢、美肌に必要なオメガ3とコラーゲン!!
玄米黒酢大さじ2、フラックスオイル大さじ2、粒マスタード小さじ2、アガベシロップ小さじ2、マリンコラーゲン小さじ1、塩・こしょう各適量

【腸美人ドレッシング】※お腹にうれしい生みそ&オリゴ糖入り!!
玄米黒酢大さじ2、なたね油大さじ1、白みそ小さじ3、練りごま小さじ3、オリゴ糖小さじ2、こしょう少々

ドレッシングに使う調味料も、こだわってスペシャルなものを選んでいます。
●紅芋酢、りんご酢→飯尾醸造のもの

●玄米黒酢→まるしげフーズライフのもの
●アボカドオイル→オリバード社のもの
●フラックスオイル→オメガ・ニュートリション社のもの
●米ぬかオイル→リブレライフの「和の玄米オイル」
●アガベシロップ→アンブロシアの「プレミアム・ロー・アガベシロップ・ライト」
●マリンコラーゲン→アムリターラの「マリンコラーゲンパウダー」
●なたね油→鹿北製油の「国産　菜の花畑なたね油」
●白みそ→マルカワみそのもの
●オリゴ糖→ゆらぎの「天然オリゴ糖」

かなりマニアックな調味料を使っていますので、手に入りにくい場合は、たとえばアボカドオイルや米ぬかオイルはオリーブオイルに、紅芋酢はふつうのお酢に、アガベシロップやオリゴ糖ははちみつに替えてもいいですし、マリンコラーゲンは入れなくてもおいしいです。

ただ、ドレッシングを美容液と考えるなら、ひとつひとつの素材にもこだわるようにすると、細胞がより美しく変わってきますよ！

03 有機野菜より無肥料野菜、F1種より在来種の野菜

日本は湿気が多いせいか意外と農薬を多く使う国ですから、野菜は、残留農薬の心配をしなくていい「無農薬」のものを選ぶようにしています。野菜を生でバリバリ食べたいなら、なおのことですよね。

そのうえでさらに私は、有機野菜ではなく、できるだけ「無肥料」の野菜を選んでいます。

有機肥料も、植物性肥料を少量使う程度ならいいのですが、動物性の堆肥《たいひ》を使っている場合は、動物のエサが遺伝子組み換え飼料や除草剤がまかれた牧草だったり、抗生物質やホルモン剤が投与されていたりするので、糞《ふん》そのものが汚染されている可能性が高いのです。

そして、これらの糞をよく熟成させずに、バイオで短期に発酵させた堆肥が増えているため、毒性が抜けないまま畑に使われていることもあります。

有機肥料、化学肥料に限らず、肥料をたくさん与えすぎた作物は「硝酸態窒素」が増えすぎて、これが体内でたんぱく質と結びつくとニトロソアミンという発がん物質になってしまいます。

硝酸態窒素が多い野菜はやけに緑色が濃く、ちょっと苦味もあって、あまりおいしくありません。また、硝酸態窒素が多い作物には虫がつきやすく病気になりやすいので、農薬も多く必要になりますし、それでも無農薬で頑張れば、植物そのものが身を守るために有害物質をつくってしまうこともあります。

私は一昨年から自分で畑を開墾し、野菜を育てているのですが、無肥料ですと、無農薬でもそこまで害虫が発生することはなく、野菜の味がとても素直でおいしいのです。しかも土の中で栄養分を探して根がどんどん伸びるので、肥料を与えるよりかえって栄養価が高くなることも多いようです。

私の畑はまだまだですが、もっと土が整ってくると、フカフカになって根も伸びやすくなるそうです。無肥料歴40年の農家の畑では、小松菜の根が4ｍも伸びていることもあるとか。りんご農家の木村秋則さんのりんごは、肥料を与えていないのに、亜鉛が通常の20倍も含まれているそうです。

安全性の面からも栄養の面からも、私はだんぜん無肥料野菜をオススメします。

もうひとつ、私がこだわっているのは「種《たね》」です。

最近の野菜は、ほとんどが「Ｆ１種」という品種改良された一代交配種。画一的な形と味と収穫量で失敗が少ないのですが、この種からできた作物から種を取っても、次世代では性質がガタッとくずれてしまうので、毎年、種を種屋さんから買うことになります。

それに対して「在来種」は、農家が10年以上種取りを続けて、品種改良せずに命をつないできた種です。命の連続性のある種で、人工的な操作が加えられていないので、種取りをくり返すことによって、その畑の土に適応し、その畑ならではの味わい深い作物ができるようになるのです。私の畑でも、在来種の種から種取りをしています。

できるかぎり、無農薬・無肥料で在来種の野菜を食べるようにすると、体の中の野生がよみがえり、自然治癒力が高まる気がしています。

最後に、無農薬・無肥料野菜の宅配をしてくれる業者、在来種・固定種の種屋さんをご紹介しておきましょう。こういうところを利用すると、手に入りやすいと思います。

無農薬・無肥料野菜の生産販売&宅配をしてくれるサイト

★ハート

http://www.810shop.jp

京都府京田辺市大住丸山33-3TIENDAオカザキビル1F

☎0774-65-3718

★ｃｌｕｂ大地

http://www.club-daich.jp

北海道常呂郡置戸町境野354-3／☎0157-55-2500

★そら

http://www.muhiryou.com

愛知県田原市若見町権亟地62／☎0531-45-5215

在来種・固定種を取り寄せできる種屋さんのサイト

★野口のタネ

http://noguchiseed.com

埼玉県飯能市小瀬戸192-1／☎042-972-2478

★たねの森

http://www.tanenomori.org

埼玉県日高市清流117／☎042-982-5023

★財団法人自然農法国際研究開発センター

http://www.infrc.or.jp/seed/seed_05.html

長野県松本市波田5632

☎0263-92-6800／ＦＡＸ0263-92-6808

★ナチュラルシードネットワーク

http://www.natural-seed.net

千葉県成田市三里塚光ヶ丘1-454／☎0476-40-4005

※野菜もあります

04 恐ろしいネオニコチノイド農薬を避けています

野菜や果物を選ぶうえで、最近本当に嫌になってきていること、それが「ネオニコチノイド農薬」の問題です。

ネオニコチノイド農薬とは、ここ数年の新しい農薬で、文字通りタバコに含まれる猛毒ニコチンをモデルにつくられた殺虫剤。脳の神経伝達物質にくっついて、神経を興奮させ続け、狂わせることで生物を殺す神経毒です。

劇薬なのであらゆる生物を殺しますが、とくにミツバチが、この農薬によって世界各地で大量死していることが問題になっています。脳がおかしくなるため、方向感覚や短期の記憶を失って巣に帰れなくなり、ふるえやけいれん、まひを起こして、死に至るそうです。

従来の有機リン系農薬より急性毒性は少し低いのですが、この新農薬のほうがはるかにやっかいです。従来の農薬の汚染は数百メートル範囲ですが、この新農薬は拡散性が高く、4㎞圏内が汚染されます。しかも、においがないので虫が警戒しないのです。

この新農薬が使われ始めた1990年代から2007年春までに、北半球から少なくとも4分の1のハチが消えたとされているそうです。これは「ミツバチがかわいそう!」ってだけの話ではありません。昆虫は植物の受粉の8割に、ミツバチはさらにその8割にかかわっています。ミツバチが死んでいくということは、私たちの食べ物も、やがてなくなるということなのです。

さらに恐ろしいことに、昆虫と人間の脳は神経細胞や神経伝達物質などが基本的に同じなので、ミツバチほどではないにせよ、人間の脳にも影響がある恐れもあります。自律神経、記憶、情緒、学習能力などの面で、とくに子どもに重大な影響があると指摘する専門家もいます。うつやいじめ、イライラ、多動などに関連する恐れもあるそうです。

ネオニコチノイド農薬の毒は水溶性なので、植物が根から吸い上げてしまうため、表面を洗っても落ちません。洗っても落ちないこの農薬を避けるには、もはや無農薬の野菜や果物を選ぶしかありません。

でも、そうも言っていられない場合もありますよね。私は、とくに次のような、ネオニコチノイド農薬が残留している可能性の高い野菜や果物に気をつけるようにしています。

【残留農薬基準値の高い、気をつけたい野菜や果物など】

●お茶
●レタス、ほうれん草・春菊・チンゲンサイなどの葉もの野菜　ねぎ、ケール、ブロッコリー、パセリ、セロリ、みつば、トマト、ピーマン、なす、ハウス野菜全般
●フルーツ全般（とくにチェリー、あんず、梅、ぶどう）

【比較的基準値が低めで、まだ安心できそうな野菜や果物など】

●根菜類
●お米
●なし、りんご、メロン、すいか、みかん、柿、びわ
●バナナやパイナップルなど南国系のフルーツ（ただし輸入物はポストハーベストが問題）

盲点として、「特別栽培」「減農薬」をうたっている野菜や果物に、農薬の回数を減

らすため、ネオニコチノイドが使われていることがあるそうです。

日本はネオニコチノイド農薬をたくさん使っているうえに、残留農薬基準がとてもゆるいのです。対策としては、お茶、葉もの野菜、フルーツだけでも、30ページで紹介した無農薬の宅配や、有機JAS認証のあるものを選ぶのがよいと思います。有機JAS認証の畑では、ネオニコチノイド農薬を使うことはできないので、一応の目安にはなります。

ネオニコチノイド農薬は、おいておくタイプのゴキブリ駆除剤、シロアリ駆除剤、家庭用殺虫剤、ペットのシラミ取り剤、住宅用化学建材などにも使われているそうで、身近にどんどん迫ってきています。

私は、ゴキブリ退治には虫が嫌う天然の精油などを使用したハーブのスプレー（生活アートクラブの「ムシさんバイバイ」など）を使い、いざ出てきてどうしようもなくなったときにのみ、液体窒素で凍らせるアイススプレーをかけています。

こうして、毒を体に入れないことに気をつけたら、あとは、入ってしまった毒をいかに出すかです。これについては「デトックス」の項で書きましたので、参考にしてみてくださいね。

05 だしの素は使わない。手作りだしでミネラルアップ

カルシウム、マグネシウム、カリウム、硫黄、ナトリウム、塩素、リン、鉄、亜鉛、マンガン、ヨウ素、セレン、モリブデン、クロム、コバルトなどは、大切な必須ミネラルです。

ミネラルの必要量は決して多くはないのですが、体内では合成できないので、足りなくなると、体にさまざまな問題が起こってきます。

体の5％はミネラルでできているため、骨や歯や血液などをつくるうえで絶対に必要ですし、ビタミンやホルモンをつくるときの成分にもなります。また、酵素の働きを補う補酵素という大切な役割もあります。21ページで書いた活性酸素を除去する体内酵素SODも、たんぱく質とミネラルでできています。

ね？　ミネラルってあまりにも重要でしょ？

ミネラルが欠乏すると動悸《どうき》や息切れが増え、疲れやすくだるくなり、無気力で集中

力がなく、イライラします。筋肉は硬くなり、つりやすくなりますし、子どもに増えている多動性障害などもミネラルとの関連がいわれています。

ミネラルはいろいろな食品に含まれているので、本来足りなくなるはずなどないのですが、現代はミネラル欠乏が起こりやすいのです。

なぜなら、とくに日本では農薬や化学肥料にたよりすぎて土地がやせ、野菜に含まれるミネラル分が減っているから。この50年で、ほうれん草の鉄分は5分の1以下へ、にんじんは10分の1、大根は5分の1となり、その結果さらに化学肥料が投入されるという悪循環に陥っています。

それに加えて、あらゆる必須ミネラルの吸収を強力に邪魔する「重合リン酸塩」という添加物が入った加工品が増えていることも問題です。重合リン酸塩は、日本で3番目に多く使われている添加物だそうで、ソーセージや缶詰、清涼飲料水のほか、表示がなくても、ラーメンや化学調味料やパンやケーキやガムにも入っていることが多いのです。

もうひとつ大切なことは、ミネラルには「無機」と「有機」があるということ。塩やにがりやミネラルウォーターに含まれるミネラルは無機ミネラルのため、ほとんど吸収できません。人間の腸が吸収しやすいのは、植物や動物に1回吸収されて有機化合物と結びついた有機ミネラルだけなのです。

有機ミネラルをできるだけ体内に入れるために、私が気をつけている習慣をご紹介します。

●加工品をできるだけ減らす。製造工程でミネラルが減ってしまいがちで、しかもミネラルを体内から奪う重合リン酸塩を含んでいることが多いからです

●無肥料で無農薬の野菜や果物を食べる。自然農法だと土がよくなり、根が長く伸びていくので、ビタミン、ミネラルが多い傾向にあります

●ミネラルが少ないだしの素をやめる。煮干しや昆布でだしをとります。とくに、あご（飛び魚）の煮干しにはマグネシウムが多く含まれています

●骨や内臓丸ごと食べられる小魚や干しえびを食べる。とてもミネラルが多い！

●わかめ、ひじき、あおさ、もずくなどの海藻を食べる。ミネラルの基本！

●大豆やナッツ、ごまを食べる。あらゆるミネラルが豊富！

●ふりかけのかわりに、かつお節やいわし節をかけて食べる

さらに私は、野生植物と海藻を高温で焼くことでできる植物性のミネラル「フィトエナジーミネラル」を水に数滴たらして飲んだり、10倍に水でうすめたものを外食のときにスプレーしたりしています。「アクティブミネラル」という、植物の化石由来のとても吸収のよいミネラルも、毎日7・5㎖とっています。

さらにさらに、シリカというミネラルは、骨を丈夫にしたりコラーゲンを束ねる働きでたるみを防ぐので、植物由来の「ベジ・シリカ」というサプリもときどき飲んでいます。

【勝田流☆エイジレス・ミネラルだしのつくり方】

＊材料

あごだし（飛び魚の煮干し）、いわしの煮干し、昆布各適量

①寝る前に、翌日使う量のミネラルウォーターを鍋に入れ、材料を全部入れて一晩おく（夏は鍋ごと冷蔵庫に入れてください）。あごだしは半分に折っておくと、だしが出やすい。

②翌日、料理の前に①を火にかけ、沸騰したら弱火で3～5分煮る。材料を全部こしてできあがり。

06 もう肉と乳製品はやめました

私は今、いわゆるフィッシュベジタリアンです。

お腹の悪玉菌のエサになりやすく繊維がゼロであるお肉は、以前からごく少量たまに食べるのみでしたが、現在はそれすらもやめてしまいました。厳密なビーガン（徹底した菜食主義者）ではないので、外食のときにだしに使われているとか、煮物に少し入っているくらいならまったく気にしませんが、お肉のパックを買ってきて調理したり、メインディッシュに肉料理を選ぶということはなくなりました。

私が肉をやめた一番の理由は、栄養学の世界的権威である、コーネル大学名誉教授のキャンベル博士が中心となって行なわれた有名な疫学調査の結果を本で読んだからです。

10年にわたって食事と病気の関係を徹底的に調査し、8000例もの統計からわかったのは、「動物性たんぱく質の摂取が、がん、心臓病、その他の現代病の原因になっている」ということでした。

この研究の「動物性たんぱく質」には魚も入っていたのですが、その後日本をはじめ世界の長寿地域の食生活をさまざまな本で調べてみたら、魚については野菜や大豆を食べたうえで少し食べる分には、むしろよいほうに働くとわかり、たんぱく質のメインは豆系で、ときどき魚という今の食生活になりました。昔の日本人の食生活にかなり近い感じですね。

また、同じくキャンベル博士たちが行なった動物実験の結果を読んで、乳製品も完全にやめました。以前から牛乳は飲みませんでしたが、ヨーグルトや、少しは食べていたチーズも今は食べなくなりました。

どういう実験かというと、アフラトキシンという発がん物質を、数百匹のマウスに投与するのです。アフラトキシンを与えたあと、摂取カロリーの5％の乳たんぱく質を与えられて育ったマウスはすべて、100週目も毛並みに光沢があり、活発で元気に生きていました。

ところが、20％の乳たんぱく質を与えられたマウスは、すべて肝臓がんで死んだか、あるいは100週目の時点で死にかけていたそうです。

この実験がすごいなと思うのは、結果が0対100だったということです。こんな結果って、めったにあるもんじゃありません。しかも、アメリカ人の平均的なたんぱく質の摂取量は15〜16％、日本人は10〜15％ですから、マウスに与えた「摂取カロリーの20％」という量は決して大変な量ではありません。

さらに、植物性たんぱく質でも同様の実験をしたところ、高たんぱく食でも、植物性であればがんが増えることはなかったという結果も、とても興味深いものでした。

そんなこんなで、私はすっかり現在のようなフィッシュベジタリアンとなりました。体重は2kgぐらい落ち、便の色はいつも完璧にきれいな色です。

たんぱく質のメインとしては、豆腐や大豆をよく食べるようになりました。

日本の食文化のすばらしさは、この大豆が担うところがかなり大きいと思います。長寿で有名な沖縄の高齢者がおもに食べているのも、豚肉ではなく野菜と豆腐なんですよね。

豆腐やみそなどに含まれるイソフラボンは、高血圧や動脈硬化を予防します。WHO委員の家森先生の実験でも、脳卒中が起きやすいマウスに大豆たんぱくを与えていたら、脳卒中にならず、長生きもできたようです。

体調もとてもいいので、フィッシュベジ生活は私にはかなり合っているようです。

07 減少する女性ホルモンは植物油やナッツで食い止める！

脂肪が多い動物性食品をたくさん食べると、女性ホルモン濃度がかなり高くなります。女性ホルモンは脂肪が原料なので、脂肪摂取量が多いと女性ホルモンが増えすぎて、乳がんのリスクが高まったりするそうです。

ただご存じのように、女性ホルモンには、肌のコラーゲンやエラスチン（肌のハリを保つ成分！）を増やす、美しい髪を保つ、骨を強くする、コレステロールの蓄積を防ぐなど、美容にいい面もたくさんあります。

女性ホルモンはいわば天然の美容液！ ですから、脂肪摂取は少なくても美容上困るし、多すぎても困ります。血中女性ホルモンを、多すぎず少なすぎず適度に保つことは、ナチュラル・アンチエイジングの最重要課題のひとつです。

かといって、動物性脂肪をとりすぎると、がんのリスクも上がります。ですから、私は肉を食べないかわりに、女性ホルモンの原料になる「オメガ3脂肪酸（体内ではつくることができないため、食べ物からとらなければならない必須脂肪酸のひとつ）」をたくさん含む、良質な植物油やナッツを欠かさないようにしています。

具体的には、10年以上欠かさずフラックスオイルを毎日大さじ1杯、ドレッシングの材料としてサラダにかけたり納豆にかけたりしていますし、チアシードもジュースや豆乳などに入れて食べています。アーモンド、くるみ、カシューナッツなどを、サラダや炒め物に入れて食べるようにもしています。

もちろん、いくらいい油でも、食べすぎると太りますのでご注意を！

ところで、話は少しそれますが、油はナチュラル・アンチエイジングにとってこんなにも重要なのに、製造方法がとんでもなくケミカルなことを知っていますか？

油をつくるには、石油系溶剤のヘキサンを植物にかけて脂肪分を溶かしだし、高温で加熱してヘキサンを蒸発させます。ヘキサンには強い毒性があるので、高温で蒸発させて除去することが義務づけられていますが、完全に除くことは不可能だといわれています。このあと、油に生じたガム質などをリン酸などで除去し、苛性《かせい》ソーダなどでアルカリ処理を行ない、漂白し、さらに230℃の高温で加熱して脱臭します。最後に、発がん性が指摘されているBHAやBHTといった合成の酸化防止剤が添加され、できあがりです。

こういうつくり方（化学溶剤抽出法）をされた油は、大切な栄養素やオメガ3脂肪酸は消え、細胞を老化させるトランス脂肪酸（64ページ）や活性酸素、過酸化脂質などが増えていますが、これがスーパーでふつうに売られている、ごく一般的な油のつくり方なんです。私は油を選ぶときは、昔ながらの「低温圧搾法」「コールドプレス」と書かれたものを選ぶようにしています。

さて、ほかに女性ホルモンのために積極的にとっているのは、やっぱり大豆製品。大豆に含まれるイソフラボンは、女性ホルモンが足りないときに補ってくれます。レッドクローバーのハーブティーや葛湯にも、イソフラボンが多いですね。種からしぼったざくろジュースやいちじくには、植物性の女性ホルモンが含まれているので、ときどき食べます。また、フランス海岸松樹皮エキスは卵巣の老化を食い止めるそうです。

その他には、アンデスいものマカのパウダー。マカには女性ホルモンの働きを活発にし、バランスを整える働きがあるのです。水素のサプリメント（81ページ）も、善玉女性ホルモンを増やしてくれるので、頼もしい味方。

悲しいかな、40を過ぎると女性ホルモンは徐々に減っていきます。女性ホルモンの減少を食い止め、適度な量を保っていきたいものです。

08 世界の長寿地域の食生活を見習っています

かつて「元禄時代の日本食が一番の長寿食」と結論づけたアメリカの報告書がありましたが、今の日本の食生活は元禄時代とは離れていくばかり。日本は平均寿命が世界1位、2位の長寿国ですが、寝たきりの高齢者も多く、健康寿命は長くありません。

私は以前、世界中の健康長寿が多い地域では、どのような食生活をしているのか、あれこれ本を読みあさったことがあります。その結果、ある法則が見えてきました。

世の中にはさまざまな健康法がありますが、実際に健康で長生きしている方が多い地域の共通項というのは、ほとんど真理なんじゃないかと思うんですよね。

たとえば、東北大学名誉教授の近藤正二先生が、1937〜72年までの35年間に、自分の足で歩いて調べた『日本の長寿村・短命村』という本があります。古い本ですが、とても面白くて参考になりました。この本にある、長寿村と短命村の特徴をまとめますと——。

【長寿村の食生活】

●野菜を畑でつくっていて、たくさん食べている。または山菜が豊富

●魚介類が豊富にある。とくに小魚を食べている

●大豆をつくっていて、大豆料理の豊かな文化がある

●海藻やごまを食べている

●米を大量に食べない（米が少ないため、米3に対し麦7の雑穀かいも類で代替している）

●野菜の中でも、にんじん、かぼちゃ、山いも、さつまいもをよく食べる

●肉は少量。しかもゆでこぼして、脂肪を減らして食べる

●年を取ってもよく働く

【短命村の食生活】

●ご飯を大量に食べている

●野菜畑を持っていないので、野菜が少ない。だからあまり野菜を食べない

●果物の産地で果物を食べるから、野菜はほとんど食べない

●魚ばかりをたくさん食べる。大型魚の切り身とご飯ばかりを食べる

●塩漬けのものとご飯ばかりを食べる
●年を取ると、あまり働かない（具合が悪くて働けない）

この時代の短命村は、野菜不足で、白いご飯と魚ばかり食べたり、白いご飯と塩辛い漬物や干物ばかりとって、だいたい40歳くらいになると脳卒中で倒れてしまうパターンが多かったようです。時代が時代なので、肉や加工品はあまり食べていないのですが、それでも野菜や動物性たんぱく質のとり方のバランスで、こんなにも差が出るのがわかりやすいです。

女性の長寿世界第1位の沖縄では、お年寄りは野菜と穀物を中心に食べ、あとは大豆と魚と少しの果物、肉や乳製品はほんの少しという食生活です。最近はこのバランスが若い人を中心に少しずつくずれ、肥満の人が増えてきているそうですが。

日本以外では、アブハズ（ロシア）、ヴィルカバンバ（エクアドル）、フンザ（パキスタン）という地域が興味深かったです。元気に働いている100歳以上の超長寿者が多い地域なのですが、場所が離れているにもかかわらず、驚くほどの共通点がありました。

ごく簡単にまとめると、こんな感じです。

【世界の超長寿地域の食生活の共通点】

●野菜や果物をたくさん食べる
●野菜や果物は、採れたての新鮮なものをおもに生で食べる。調理するときは少量のお湯でゆでるか蒸す
●肉は特別な日以外は、ほとんど食べない
●ヤギ、牛、羊などの乳を発酵させたミルクを適量飲む
●炭水化物は、とうもろこし、精製されていない大麦や小麦などでとる
●豆やナッツを食べる（1日以上水につけたあと調理）
●砂糖はとらない

いかがですか？　日本の長寿地域の食生活と合わせてみると、理想の食生活が見えてくるような気がします。

長寿地域の食事を見習って、「元気で仕事もバリバリこなすスーパー長寿、しかも美しく！」というのが、私のさらに目指すところです。

09 お腹の善玉菌の好物を食べるようにしています

私の健康診断は、トイレに始まり、トイレに終わります。病院の健診なんてほとんど受けませんが、便の状態を毎日見ていれば、健康状態がだいたいわかります。

まず見るのは、便の色です。腸に善玉菌が多い場合は、腸内が弱酸性なので便は黄色っぽい色になり、肉や油物を食べすぎて悪玉菌が多くなると、アルカリ性になって黒っぽくなります。私も以前は「便は黒くて当たり前」と思っていましたが、ここ5年で食生活を改善してからは、黄色気味の便が当たり前になってきました。

もうひとつのバロメーターは、臭くないかどうかです。善玉菌が多い便は、臭いがほとんどありません。この2つを、毎日トイレでチェックしています。

腸には全身の免疫の7割が存在していることが、最新の免疫学で定説になっていますので、腸内環境をよくすることは健康と美容の維持に欠かせません。

腸の善玉菌の代表格は、小腸に多い乳酸菌と、大腸に多いビフィズス菌など。善玉菌の数がきちんと一定量あれば、悪玉菌が増えすぎることはありません。

腸の善玉菌を優勢にするために、ちょっと聞き慣れない言葉ですが、「プロバイオティクス」と「プレバイオティクス」を積極的にとるようにしています。プロバイオティクスとは「生きたまま腸に届いて、よい作用をもたらす菌や微生物」、プレバイオティクスとは「善玉菌を増やす食品成分」のことです。


プロバイオティクスとして、最新の栄養学で注目されているのが「植物由来の菌」。乳酸菌を例にとりますと、牛乳などにすんでいた動物性乳酸菌は栄養価が高い環境で恵まれてきたけれど、植物にすんでいた乳酸菌には、微生物の生育を妨げる刺激物に打ち勝って生き延びてきた強さがあります。そのため、植物由来の乳酸菌は、動物由来の乳酸菌より胃酸や胆汁に強く、腸まで届きやすいそうです。

プロバイオティクスは、納豆、生みそ、ぬか漬け、キムチ、すぐき漬け、塩麹《こうじ》漬け、粕《かす》漬け、酵母サプリメントなどでとっています。

生みそは、ドレッシングにしてサラダにかけたり、フラックスオイルと混ぜてディップにして野菜スティックにつけて食べたりしています。

塩麹は米麹に塩を混ぜて発酵させたもので、これに切った野菜をまぶして一晩漬けておくだけで麹漬けができます。麹菌は増殖するときに酵素をたくさんつくり出すので、それも魅力。酵母サプリメントでは「瀧の酵母」という、腸まで届く生きた酵母のサプリメントをたまに飲んでいます。

プロバイオティクスをとったからといって、これらが腸にずっとすみつくわけではありません。定住するのは、その中でも自分の腸内環境に適したものだけ。ただ、こういうものを食べていると、腸内の善玉菌が優勢になりますし、また死滅したあとにプレバイオティクスになってくれて、結果的に善玉菌が増えるという二重の効果があるのです。

次に、プレバイオティクスですが、代表的なものは食物繊維とオリゴ糖です。食物繊維は、腸の悪玉菌を減らし、善玉菌を増やします。ほかに、食物繊維は、腸壁に刺激を与えて便秘を防いで、ほどよくやわらかい出しやすい便にしてくれたり、有害物質をからめとって排出する「お掃除スポンジ」としても働いてくれます。

食物繊維がたくさん含まれているのは、切り干し大根、きんぴらごぼう、煮豆、さつまいも、かぼちゃの煮物、海藻、きのこなど。里いもやれんこん、干ししいたけ、にんじん、こんにゃくを入れた筑前煮なんて最高！　生野菜サラダならキャベツがいいですね。フルーツではりんごが一番です。

もうひとつのオリゴ糖ですが、これは小腸で吸収されにくく、大腸で善玉菌のエサになります。1日6gのオリゴ糖を2週間とり続けたところ、腸内のビフィズス菌の数が10%から50%に増えた例もあるそうです。

オリゴ糖が多いのは、玉ねぎ、ごぼう、バナナ、にんにく、アスパラガス、はちみつ、みそなど。私のお気に入りは玉ねぎ。サラダに生の玉ねぎを入れるのは、毎日の定番です。

サプリメントとして天然オリゴ糖をとることもありますが、純度が98%以上のものでないと、砂糖や水あめ、コーンシロップなどが混ぜてあることが多いので要注意。純度の高いオリゴ糖は、シロップ状ではなく粉末状になっていることが目安です。私が飲んでいるのは「ゆらぎ」の天然オリゴ糖です。

また、消化活動に追われる腸を休ませる週末プチ断食も、毒素排泄や免疫力UPに効果があります。野菜や果物の手作りジュースを3度飲む方法と、にんじん、大根、きゅうりなどのおろし野菜にフラックスオイルとみそとしょうゆをかけて3度食べる方法の、どちらかをたまに行ないます。断食終了後は、おかゆ、漬け物、みそ汁、納豆などを少なめに食べて、少しずつ通常の食事に戻していくようにしています。

10 毒素を排出する デトックスは欠かせません

食品添加物、排気ガス、住宅建材の化学物質、魚や野菜に含まれる有害ミネラル、ダイオキシン……きわめつきは、東日本大震災後の原発事故による放射性物質の拡散。便利な世の中になった分、私たちのまわりはさまざまな毒素があふれていますね。

体に化学物質がたまると、がんを引き起こしたり、アレルギーが起こりやすくなりますが、とにかく活性酸素が多量に発生するので、組織を傷つけて、老化もうながしてしまいます。毒素は体に入れないに限りますが、入ってしまったものを出しやすい体にすることが、現代を生きる私たちの一番大切なテーマかもしれません。

デトックス（毒出し）の基本は、なんといっても水です。代謝はつねに水とともに行なわれるので、水分をきちんととっていると、尿や便や汗から有害物質が排出されやすくなります。ミネラルウォーターが一番ですが、緑茶やそば茶、ハーブティーもよいですね。

私は今は、鹿児島の「霧島　火山岩深層水」か「屋久島縄文水」を飲んでいます。朝は、必ず1杯のミネラルウォーターから。腸を刺激して排便もうながすので、一石二鳥です。硬度の高すぎるものを飲んでも、無機ミネラルはほとんど吸収されませんので、軟水か中硬水くらいで、pH7前後の中性に近いものを選んでいます。

解毒力があるのは水溶性食物繊維です。解毒の7割は便によって行なわれるそうですから、不要な毒素をからめとってくれる食物繊維はまさに腸の「お掃除スポンジ」。

中でも今、私が凝っているのは「ふのり」です。ふのりには、海藻特有のヌルヌル成分である水溶性食物繊維のフノランが50~60%と、わかめや昆布に比べてかなり含まれています。フノランは毒素排泄だけでなく、脂肪を分解・吸着するので、脂質異常症、糖尿病、高血圧や胆石の予防、関節の痛み、免疫力アップにもよいそうです。

もうひとつは「りんごペクチン」。りんごに含まれる水溶性の食物繊維です。ベラルーシのある研究所の論文によると、放射性物質の体内被曝が確認された615人の子どもに、りんごペクチン2gを添加した食品を3週間食べさせたところ、食べていない子どもは体内セシウムが14%の減少だったのに比べ、食べた子どもは64%も減っていたそうです。

生のりんごでとろうとすると、効果を上げるには毎日2個以上。りんごペクチンは、皮と果肉の間に多いので、無農薬のりんごを皮ごと食べたいところですが、無農薬のものはなかなか手に入りません。皮つきではありませんが、私はアリサンの「ドライアップル」を子どもにときどき与えています。残留農薬検査をクリアしたりんごペクチンの粉末「りんごＦＰ」も、ジュースなどに入れて飲んでいます。

その他、水溶性の食物繊維が多いのは、ひじきやわかめなどの海藻、寒天、アボカド、キウイ、納豆など。ほうれん草、玉ねぎ、しそには有害物質を出しやすくするキレート作用がありますし、ブロッコリーや大根、にんにく、しょうが、にら、らっきょうには、解毒酵素を活性化する働きがあります。

サプリメントとしては、天然ゼオライト鉱石の微粒子の水溶液をときどき飲んでいます。ゼオライトは、環境浄化の分野で幅広く使われているもので、マイナスの電荷を持つので、プラスの電荷を持つ有害重金属、ホルムアルデヒドやトルエンを吸着するそうです。

ただ、カルシウムなどを吸着する場合がありますので、サプリメントとして飲む場合は、１２０〜２４０ナノメートルという微粒子にした水溶液タイプのものを、ごくわずかにしてください。そして２週間飲んだら２週間休むなど、連続して飲まないほうがいいでしょう。私は「ゼオクリア」という名前のゼオライトを飲んでいます。
また、メチオニンとシステインという含硫アミノ酸には、体内の有毒ミネラルと結びついて有毒金属の体外排出をうながす働きがあるので、「アミノキレート」というアミノ酸のサプリも、デトックスしたいときに1か月くらい飲みます。

フルビック酸という有機酸にも注目しています。豊かな土に自然発生した有機酸で、有害な化学物質とくっついて、体外に排出します。植物ミネラルの「アクティブミネラル」にはこのフルビック酸が含まれているので、デトックスにもよいようです。

放射性物質対策としては、放射性ヨウ素はヨウ素と、放射性セシウムはカリウムと、放射性ストロンチウムはカルシウムと、それぞれ間違えて体が取りこむので、体内被曝を防ぐには、ヨウ素、カリウム、カルシウムなどのミネラルを欠乏させないこと。

根昆布、とろろ昆布、昆布などの海藻は、ヨウ素、カリウム、カルシウムと、ミネラルが多いのでオススメ。ただし、汚染のない海でとれたものに限ります。

カリウム摂取として注目したいのは、切り干し大根。なんと、100g中3・2gものカリウムが含まれています。食物繊維も多いので、毒素排出や、便の質を上げて腸の免疫力を高めるためにもいいですね。ほかに、昆布、わかめ、ひじき、ココア、パセリ、大豆、小豆もカリウムの多い食品です。

11 たんぱく質＝肉や魚とは限らない

人間の体は70％が水ですが、水を除くと、45％が脂質、43％がたんぱく質、11％がビタミン、ミネラルで、1％が糖質です。皮膚も筋肉も血管も臓器も、ホルモンも神経伝達物質も酵素もおもにたんぱく質でできているのですから、たんぱく質をどんな食べ物でつくるかは大問題です。

では、肉や魚をたくさん食べればいいかといえば、そういうわけでもありません。肉や魚は100g中何グラムがたんぱく質だと思いますか？　じつは、たかだか20g前後なんです。80gくらいと思っていた方も多いのでは？

しかも、動物性たんぱく質は消化が難しいので、消化不良のまま大腸まで運ばれ、悪玉菌が繁殖してインドール、スカトール、硫化水素などの有害物質を発生させがちです。こうした有害物質は、にきび、吹き出物、肩こりの原因にもなります。また、39ページで書いたように、動物性たんぱく質を多くとると発がん率が上がるという調査もあるので、とりすぎには気をつけたいところです。

たんぱく質の1日の摂取量ですが、アメリカでは昔は125g(ステーキ1枚が80gくらい)を推奨していましたが、現在では45~50gでよいとされ、日本でも女性は50gが推奨量です。

たんぱく質は、肉や魚だけでなく、穀類や野菜や果物にも含まれているのですよ。いろいろなものに含まれているので、私はトータルで考えるようにしています。

たとえば、おみそ汁に入っている焼き麩《ふ》は、100g中28・5gもたんぱく質。あんな白いスカスカなものに28%もたんぱく質が含まれているとは、びっくりじゃないですか? もちろん軽いので、通常の摂取量ではわずかな量になってしまいますが。

スパゲッティ13g、アマランサス12・7gと、その他の穀類もなかなかのもの。落花生26・5g、ごま20・3g、カシューナッツ19・8gとナッツもたんぱく質が多く、干ししいたけは19・3g、きくらげは8g、焼きのりは41g、わかめも18gと意外や意外。

野菜ではにんにくが6g、切り干し大根が5・7g、芽キャベツ、モロヘイヤが約5gと健闘。アボカドやプルーンも2・5g。

大豆も忘れてはいけないですね。私のオススメは高野豆腐。栄養が凝縮されていて、なんと約50％がたんぱく質なんです。きな粉は35・5g、大豆も35・3g。大豆系って、肉や魚よりたんぱく質量が多いんです。

たんぱく質は、体の中に入ると胃や腸でアミノ酸に分解され、小腸で吸収されます。そして血液にのって全身に運ばれ、細胞の中で20種類のアミノ酸によって、いろいろなたんぱく質に再合成されます。

きちんとアミノ酸に消化されないと、たくさん食べても意味がないですし、未消化のたんぱく質はアレルギーを引き起こしやすくします。それに必須アミノ酸（体内で十分な合成ができず、食べ物からとらなければならないアミノ酸）9種類が全部そろっていないと、体はたんぱく質をつくることができないので、その他のアミノ酸がムダになってしまいます。

そのため、必須アミノ酸をバランスよく含む食品を「アミノ酸スコアが100（満点）」などといいます。大豆もアミノ酸スコアが100。メチオニンというアミノ酸が少ないと思われていましたが、じつはしっかりあることがわかってきました。

野菜では、ブロッコリーが80、にら、カリフラワー、もやしが77、たけのこ75、とうもろこし74、しいたけ、なめこ73、かぼちゃ、アスパラガス、さやいんげん、ねぎ

68。フルーツでは、柿が91、キウイが82、いちごとバナナが66と、意外とアミノ酸スコアが高いんです。そばはなんと92！

さて、私たちにとって大切なお肌のコラーゲンは、どんなアミノ酸でできているかというと、メインはグリシンで33％、次にプロリンで21％、アラニンが11％。どれも非必須アミノ酸なので体内でつくることもできますが、グリシンが多い食品は何かというと、かつお節。次に大豆たんぱく、くるまえび、小麦たんぱく、湯葉、伊勢えび、高野豆腐、しらす、ほたて、きな粉、大豆、アーモンドと続きます。

プロリンは高野豆腐や焼き麩に多く、アラニンはこれまたかつお節、干しのり、高野豆腐、湯葉なんかに多い。粉末マリンコラーゲンも手軽でいいですが、かつお節でだしをとって、高野豆腐とほたての煮物などもよさそうです。

サプリメントでは、「スピルリナ１００％」というのをときどき飲んでいます。スピルリナには、たんぱく質がなんと65％。アミノ酸も必須アミノ酸を含めて20種類全部入っています。ビタミン、ミネラルも多いことと、動物性食品以外にはほとんど含まれない赤血球の生成にかかわるビタミンB_{12}が多いのも魅力です。

12 脳のアンチエイジング対策①　良質な油を選ぶ

私は、28歳のときにパニック障害と軽いうつ病の症状が出て、それをカイロプラクティックでの矯正や、呼吸法、フラワーエッセンス、栄養療法などの自然療法だけで半年で完治させたという経験を持っています。そのため、脳の健康については、かなりの「うるさ型」です（笑）。

体を動かす指令はおもに脳が行なっているのですから、脳の栄養学について考えることは、アンチエイジングにとって重要なことなのです！

脳の働きを健全に保つために、栄養学的にまず大切なのが「良質な油」です。なぜなら、水を除けば、脳の約60％は油でできているからです。

脳の油のうち、50％はコレステロール、DHAとリン脂質が25％ずつです。

DHAは、フラックスオイルなどに多いα-リノレン酸をとっていれば体内で合成されますが、ダイレクトにとりたいなら、なんといってもお刺身。養殖魚はエサの関係でＤＨＡよりリノール酸のほうが増えているので、天然魚を食べるようにしています。

ただし、魚の脂肪部分には、ダイオキシンや有害ミネラルなども溶けて蓄積していますから、ＤＨＡといっしょにこれらもとってしまいがち。有害ミネラルのメチル水銀は脳や神経系全体に悪影響を与えるし、免疫系や生殖器系にダメージを与え、乳がんとの関連もいわれています。とくに、成長期の子どもに与える影響が大きいそうで、知能の発達を遅らせ、注意力や言語能力にもかかわるそうです。

メチル水銀がもっとも多く含まれるのは、食物連鎖の頂点に立つ大型まぐろです。その他、めかじき、きんめだい、かつお、すずきなどにも多く含まれています。それに比べると、地域差はあるものの天然のさけ、ます、にしん、さんま、あじ、いわし、きす、えび、かに、いか、たこ、あさり、しじみ、かきは水銀量が少ないといわれます。とくにいわしには、有機水銀はまったくといっていいほど含まれていないそうです。

そういうことを考えて、私がたどりついたのは、新鮮ないわしの油のサプリメント「ＡＯＺＡ」。これを、魚を食べなかった日に8～10粒くらい飲んでいます。

このサプリメントは、食物連鎖の末端にあるかたくちいわしが原料なので、メチル水銀やダイオキシンの汚染がなく、産地や検査もきちんとされているので、放射性物質の問題も心配ありません、高温加熱や精製をせず、酸素に触れない工夫をして、厚めのグリセリンのカプセルに入れてあるので、酸化の心配がないところも気に入っています。

もうひとつ、大事な脳の脂質がリン脂質。リン脂質がたくさん集まったものが大豆に多いレシチンなので、大豆製品は脳のためにもよいのです。脳は60％が油ですが、残り40％はたんぱく質ですから、その面でも大豆は優秀。そもそも脳の神経伝達物質はたんぱく質を消化したアミノ酸を原料につくられていますし、グリシンやグルタミン酸のようにアミノ酸自体が神経伝達物質となっているものもありますからね。

さて、小さめの魚のお刺身を好んで食べていた私ですが、原発事故以来、ちょっと心配になっています。放射性物質ストロンチウムは、カルシウムと性質が似ているので、海の生物に蓄積しやすいからです。

セシウムと同じくらい、ストロンチウムも原子炉の中でできるのですが、検査に時間がかかることもあり、ほとんど調べられていません。魚の骨、えび、かに、うに、なまこ、海藻などは、ストロンチウムを蓄積しやすい急先鋒。海洋図の潮の流れを見ると、犬吠埼《いぬぼうさき》までの太平洋側の海産物にはしばらく注意が必要だと思っています。

13 脳のアンチエイジング対策②
トランス脂肪酸を避ける

よい油をとるのと同時に、よくない油を脳の組織の原料にするのも避けたいところです。よくない油といえば、マーガリンやショートニングなどに多い「トランス脂肪酸」。動脈硬化、心臓疾患、がん、アレルギーなどへの影響が報告されていますが、脳の活動に必要な酵素を破壊するので、脳にもかなりの悪影響があるようです。

ニューヨーク市で2006年からトランス脂肪酸が法律で規制されているのはご存じの方も多いと思いますが、韓国でも2007年に、学校給食でトランス脂肪酸の量を制限し、違反した会社や栄養士は処罰されるという厳しい法律ができたそうです。

でも、日本ではいまだに規制がなく、逆にトランス脂肪酸が5・2％も含まれていた油に、「脂肪がつきにくい」として「トクホ（特定保健用食品）」を与えていたという問題は記憶に新しいところ。

トランス脂肪酸は、マーガリンに13％、ショートニングなどには5～7％、一般の溶剤抽出法の植物油にも0・4〜2・2%くらい含まれています。私が低温圧搾法の油を選んでいるのには、そういう理由もあります。

マーガリン以外では、次のような加工品もとらないように気をつけています。

【トランス脂肪酸を多く含む可能性の高い加工品】

コーヒーフレッシュ、フライドポテト、菓子パン、食パン、アイスクリーム、ドーナツ、クッキー、ケーキ、チョコレート、スナック菓子、シュークリーム、エクレア、フライ、コロッケ、インスタントラーメン、ドレッシング、マヨネーズ、レトルト食品など

表示名は「マーガリン」「ショートニング」「加工油脂」「食用精製加工油脂」「加工油」「加工脂」「ファストスプレッド」などとあるはずですが、日本は規制が甘いので、単に「食用植物油脂」「植物性油脂」と書いてあるのが、じつはトランス脂肪酸の多い加工油脂であることもあるそうです。

わが家では、パンはショートニングや砂糖の含まれない無油無糖パンにし、つけるのは低温圧搾法のアボカドオイルか米ぬかオイルにしています。とってもおいしいですよ！

14 脳のアンチエイジング対策③ セロトニンを意識

脳には1兆個もの神経細胞があって、神経細胞同士で情報をやりとりしながら脳や体をコントロールしています。この情報を、細胞から細胞へと伝えているのが「神経伝達物質」です。神経伝達物質の働きがなければ、私たちはものを考えることすらできません。

とくに私が意識しているのが、興奮や抑うつ感を抑えてくれる「セロトニン」という神経伝達物質です。

セロトニンの原料は、アミノ酸のトリプトファン、ビタミンB_6、ナイアシン、ビタミンD、マグネシウム。積極的にセロトニンを合成したいときには、次のような食品を食べるようにしています。

【セロトニンの原料を多く含む植物性の食べ物】

●トリプトファン↓高野豆腐、きな粉、大豆、のり、ごま
●ビタミンB_6↓バナナ、さつまいも、赤ピーマン、にんにく、マンゴー、くるみ、アボカド、小豆、大豆
●ナイアシン↓豆類、そば、玄米
●ビタミンD↓バナナ、きくらげ、干ししいたけ、しめじ
●マグネシウム↓海藻、ひまわりの種、枝豆、納豆、カシューナッツ、栗、きな粉、木綿豆腐、豆乳、小豆、キャベツ、ごま

そのほか、亜鉛は神経細胞間の刺激伝達物質を合成するときに重要なミネラルですし、カルシウムもイライラをしずめます。

アミノ酸では、トリプトファン以外では天然の抗うつ剤ともいわれる、たけのこに多いチロシン、そしてメチオニンがオススメ。メチオニンは、大豆、ごま、カシューナッツ、ひまわりの種、全粒小麦に多く含まれています。

15 糖化を避ける食べ方を工夫しています

老化をうながす2つの大きな敵、それは、活性酸素によって体の組織を攻撃されることによる「酸化」と、もうひとつは「糖化」です。最近はこの糖化の研究がかなり進み、糖化によってできる「AGE（糖化最終生成物）」という物質こそが、老化の原因のひとつとわかってきました。

体の多くを占めるたんぱく質は糖と結びつきやすいので、糖が体内に多く入ってくると、たんぱく質が糖とくっついて、AGEを生み出します。簡単にいうと、これが糖化です。

AGEが増えると、たんぱく質でできた血管や筋肉や肌は性質が変わり、老化していきます。お肌にAGEが増えると、シワ、たるみ、シミなどが起こります。しかも、どうやら糖化は脳でも起きています。アルツハイマー病はβアミロイドというたんぱく質のシミが脳にたまるのが原因といわれていますが、このシミの中にAGEが多く検出されるそうです。ＡＧＥには骨のコラーゲンに入りこんで、骨を弱くさせる性質もあるそうです。

ここで勘違いしないでいただきたいのは、糖は私たちのエネルギー源で、絶対に必要なものだということ。糖が多く含まれる炭水化物を食べないと、低血糖になったり、エネルギーがなくなって、生きる元気がなくなったりします。頭もうまく働きません。糖（炭水化物）は、食べなくてはならないものです。

問題は糖との付き合い方。糖をとるだけでは糖化は起こりません。糖が一度に過剰に血液中にあふれ返っているとき、つまり血糖値が急上昇したとき、糖化は起こりやすくなります。

「一度に血中に糖が増えてしまう食べ物」が、よく聞く「ＧＩ値が高い食べ物」です。精製された白い炭水化物や砂糖などで、中でも砂糖の入ったお菓子はＧＩ値がとても高いので、できれば食べないか、食べても少なめが鉄則。

私は、糖化を避けるために、砂糖を使ったお菓子は食べません。そのかわりに、メキシコのアガベという植物の樹液を使用したお菓子「グレインプラス」シリーズや、「ミハネアイス」という植物性のアイス、ドライフルーツや「Ｌｕｂｓ オーガニックフルーツバー」などのフルーツの甘みを生かしたお菓子などを選んでいます。

このほか、「一度に血中に糖が増えない食べ方」というものがあります。これが、食事の最初に野菜を食べるということ。繊維の多いものならよいので、野菜に限らず海藻でもOK。肉や魚は繊維がゼロですし、ご飯はいくら雑穀入りでも本丸の炭水化物ですから、最初に口にするのは避けたいですね。

酵素のことまで考えれば、最初は生野菜（大根おろしなどでもOK）→煮野菜、焼き野菜、海藻など→たんぱく質、ご飯という順番がベストです。ご飯をもっと前に食べたいという方は、最初に生野菜さえある程度食べていれば、そのあとご飯を口にしてもいいと思います。

さらに、酢は血糖値の上昇を抑える働きがあるので、最初に食べる生野菜に酢がかかっていれば、鬼に金棒！　おろし野菜に酢じょうゆでもいいし、海藻と野菜の酢の物でもいいし、生野菜サラダにドレッシングでもいいのです。

私がこの食べ方を始めて5年ほどになります。自分がどのくらい糖化しているかは判断しにくいですが、ひとつたしかにいえるのは「やせた」ということ。30過ぎてから、あきらかに脂肪がつきやすくなっていた私と夫は、この5年ですっかり体形が変わりました。

16 砂糖断ち料理に欠かせない おいしい調味料

私は、毎日の調理でも、砂糖をいっさい使いません。砂糖断ちの極意は「だしをきちんととること」。38ページに書いた「エイジレス・ミネラルだし」を使います。

砂糖断ちの調理には、調味料の力も必要です。砂糖を使っていなくて、しかもとびきりおいしい調味料をご紹介しましょう。

料理酒には、アミノ酸がふつうの日本酒の3・5倍も含まれる「料理の要」。甘みは、味の一醸造の「味の母」や「酒醂《しゅりん》」を使っています。

「味の母」は、米と米麹を原料に日本酒のもととなるもろみをつくり、特許製法の工程を経て醸造されています。ふつうのみりんより甘みもコクも強いので、砂糖を使わなくてもいけるんです。原材料は米、米麹、食塩で、残留農薬はないのですが、無農薬米ではないので、気になる方は有機JAS認定を持つ「酒醂」をどうぞ。

「酒醂」の原材料は、無農薬・無化学肥料のもち米（タイ産）、アルコール、無農薬の米麹、食塩。味の母は日本酒から造られますが、「酒醂」は焼酎から造られていて、甘みが強くて、香りがよく、量が少なくてすみます。「味の母」では甘みが足りないという方は、こちらのほうがいいかもしれません。ほかに「三州三河みりん」も甘みとコクがあります。

粒マスタードでは、オーサワジャパンの「オーガニック粒マスタード」。

私は粒マスタードをよく手作りドレッシングに使うのですが、添加物や砂糖、砂糖より血糖値を上昇させやすいぶどう糖果糖液糖が入っているものが結構多いのです。このマスタードは、原材料が「有機マスタードの種子、りんご酢、原塩」以上、という有機JAS認定品で、おいしくてオススメ。

ケチャップなら、タカハシソースの「オーガニックフルーティーケチャップ」。砂糖やぶどう糖果糖液糖を使っていないケチャップはほとんどなくて、探すのに苦労しました。100%オーガニック原料で、有機JAS認定取得。原材料は「有機トマト、有機濃縮ぶどう果汁、有機醸造酢、有機玉ねぎ、有機香辛料　以上」です。

塩分も砂糖も入っていないのにとてもおいしく、リコピンもたっぷり！　リコピンの抗酸化作用は、ビタミンEの100倍、ベータカロチンの2倍。がん化を防ぐ遺伝子を活性化する働きや美白効果があるのも頼もしいですね。

砂糖を使っていないソースも、探せばあるものですね。砂糖のかわりにごく微量の麦芽水飴を使った、光食品の「職人の夢こんなソースが造りたかった　有機中濃ソース」。原材料「有機野菜・果実（りんご、にんじん、トマト、その他）、有機醸造酢（りんご酢）、食塩、香辛料、有機醤油（大豆、小麦を含む）、こんにゃく粉、しいたけ、麦芽水飴　以上」の有機JAS認定品です。

麦芽水飴の麦芽糖の比率は60％くらいだそうで、食物繊維であるデキストリンが多いらしいので、GI値はそんなに高くはないと思います。しかも、このソースには麦芽水飴をほんの少ししか入れておらず、ほとんどが果実の甘みです。

ソースを切らしたときは、自分でつくることもあります。無糖のトマトピューレとアガベシロップがある方は、ぜひ試してみてください。

材料は、トマトピューレ（無糖）大さじ1、しょうゆ小さじ1、アガベシロップ小さじ1、こしょう少々。これらをただ混ぜるだけです。お好みでマスタードなどを入れてもOK。見た目はケチャップっぽいですが、味はちゃんとソースになります。

こうしたすぐれた調味料があれば、砂糖を使わない料理は、そんなに難しいことではありません。「料理上手になったんじゃない？」といわれるかもしれませんよ!?

17 スーパーフードをローテーションで食べています

ここ数年、アメリカでは「スーパーフード」ブームが続いています。

スーパーフードとは、アンチエイジング、免疫力向上、細胞の老化予防、生活習慣病の予防に役立つ食品のこと。抗酸化物質（活性酸素を処理してくれる成分）や、ビタミン、ミネラル、アミノ酸、クロロフィル（葉緑素）、バイオフラボノイド類（ビタミンPとも呼ばれ、さまざまな健康作用がある）などを豊富に含む食品がピックアップされています。

効果も、アメリカの学会や研究機関で確かめられて推奨されているものばかり。しかもおいしいものが多いので、本当にうれしくなっちゃいます。

スーパーフードの代表的なものには、次のようなものがあります。

【代表的なスーパーフード】

●アサイーベリー・クランベリーなどあらゆるベリー系フルーツ、プルーン、オレンジ、キウイ、りんご、ざくろ、アボカド
●トマト、ほうれん草、小松菜、ブロッコリー、にんにく、しょうが
●豆、大豆、豆腐など豆系全般、くるみなどのナッツ、ターメリック、エクストラバージンオリーブオイル、フラックスシード、全粉穀物、シナモン、マカ、海藻、天然サーモン、キムチ、はちみつ、ダークチョコレート（カカオ）、緑茶

マカやアサイーベリーを除いて、どれもそれほど特別なものではないですよね。何かひとつの食品をやっきになって食べるよりも、こういうスーパーフードをローテーションでいろいろ食べるのが私は好きですし、そのほうが効果が高いと思います。その他、植物の持つ抗酸化作用（フィトケミカルといいます）もどんどん発見されていますので、スーパーフードは今後ますます増えてくるでしょう。

スーパーフードの作用についてひとつつけ加えますと、紫外線や放射線を浴びたときに発生する「一重項酸素」という活性酸素があります。たんぱく質、脂質、ＤＮＡなどと反応して障害を起こしたり、肌のコラーゲンやエラスチンを破壊して光老化を

うながす、アンチエイジングの大敵です。

天然サーモンのアスタキサンチン、トマトのリコピンなどのカロテノイド系色素は、この一重項酸素を処理する能力がものすごく高いんです。

また、ほうれん草にはルテインというカロテノイド系色素が多いのですが、こちらは目の老化を抑制してくれます。


さて、個人的には、スーパーフードの中に「モリンガ」と「スピルリナ」「メリンジョ」を加えたいと思います。スピルリナはアミノ酸の項で触れましたし、メリンジョは「抗老化サプリメント」のところで書きますので、ここではモリンガを紹介しましょう。

モリンガは、世界一、栄養価が高い植物です。インドやフィリピンなどの熱帯地方原産で、最近では沖縄でも栽培されています。

たんぱく質が牛乳の2倍、カルシウムが牛乳の20倍、カリウムがバナナの3倍、ギャバが発芽玄米の3倍、鉄分がほうれん草の31倍、アミノ酸が黒酢の2倍、ビタミンAがにんじんの4倍、ビタミンB_1が豚肉の4倍、ビタミンB_2が真いわしの50倍、ビタミンB_3がピーナッツの50倍、ビタミンCがオレンジの7倍、ポリフェノールが赤ワインの8倍……!という、驚異的な栄養価で知られています。

現在、発展途上国で食糧難に苦しむ子どもたちや妊婦さんたちに支給しようと、NPOやNGOが植樹を行なったり、現地の人々に栽培の仕方や利用方法を指導したりする動きもあるそうで、世界を救う「緑のミルク」と呼ばれているそうです。これにより、栄養失調の子どもたちが救われることから、現地での期待も高まっているとのことです。

沖縄産のものは動物肥料を使っていることが多いため、私はフィリピンで無農薬・無肥料で栽培しているモリンガを取り寄せています。非加熱だと青臭く青汁のような味になってしまうので、飲みやすい形にした商品ができるといいなと思っています。

ただし、大量にマウスに与えた場合の実験ですが、モリンガには子宮収縮の作用が少しあるそうなので、妊婦さんや妊娠を希望されている方は念のため控えるようにしてください。

反対に授乳中は母乳の出がよくなり、アメリカでは授乳時の推奨食品となっているくらいなのでオススメです。

栄養価が並外れているだけでなく、大変な抗酸化力で、化粧品原料としても抗シワ効果やハリをもたらす作用、バリアを高める作用が強いそうです。

18 お酒は百薬の長となる飲み方をしています

お酒は百薬の長。適度な飲酒は体によいといいますが、度を過ぎると一転して、肝硬変やがん、脳梗塞《こうそく》のリスクを高めます。

では、適度な飲酒って正確にはどのくらいの量でしょう？　お酒好きには気になるところですね（ここからお酒の量をgでいいますが、20gがだいたいビール中瓶1本と思ってください）。

アメリカでの調査では、1日ワンドリンク（14g）なら、がんによる死亡リスクは飲まない人と同じで、2ドリンク以上ではリスクが増すようです。

日本人の男女約8万人を対象とした調査では、日本酒1合以下～2合の人は飲まない人と比べて総死亡率は約0・98％と若干低く、2～3合では1・27％で、3合以上だと1・51％と、量が増えるごとに死亡率が上昇したそうです。糖尿病については、男性では週150g以上の飲酒からリスクの上昇が認められるようですが、女性では認められないそうです。

いっぽう、心筋梗塞や脳梗塞などの死亡率は、少量から中程度の飲酒なら逆に下がる傾向にあるようです。さらに1日20g程度の飲酒なら、善玉コレステロールを増加させ、動脈硬化を抑制し、メタボ予防にもなるとか。血液系のがんや前立腺がんなど、適度な飲酒で抑制されるがんもあります。こういうところが、百薬の長といわれるゆえんなのでしょうね。

しかし、前述の日本人8万人の調査で、1週間に450g以上（1日3合以上）飲む人のうち、週に5～7日飲む人は、1～4日飲む人に比べて総死亡率が高かったそうです。量をある程度飲む人は、週に2日以上休肝日を設けたほうがよいということですね。

けれど、1週間に750g以上（1日ビール中瓶5本以上）と飲みすぎ傾向の人は、どんなパターンで飲もうとも総死亡率が優位に高いそうです。

さて、以上から、適度な飲酒量ってどのくらいなのかをまとめたいと思います。

女性は男性より体が小さいため、少ない量でも危険度が上がることから、男性の半分から3分の2くらいが適量といわれています。個人差はあると思いますが、だいたいの目安としては、男性は1日20〜30g、女性は1日10〜20gというところでしょう。20gとは、ビール中瓶1本、日本酒だと1合、ワインだとグラス2杯です。週に1日か2日しか飲まない人なら、たまの飲み会で少しくらい飲みすぎても大丈夫ですが、毎日飲むならこの程度にしておいたほうがよさそうですね。

適度な量でも、お酒を飲むと、アセトアルデヒドという毒素がどうしても体内に生み出されます。これを分解するときにナイアシンというビタミンが働きますので、おつまみのおひたしなどに、かつお節をたっぷりかけると二日酔いを予防できますよ。ほかにはピーナッツ、いわしの丸干しなどにもナイアシンが多いです。また、飲んだお酒と同量の水を飲むことでも、二日酔いを予防できます。

放射線被曝前にビールを飲んでおくと、放射線によって生じる染色体異常を34％も減らせるという実験結果を知ったこともあり、今や私はもっぱらビール党です。

冷蔵庫につねにあるのは、日本ビール株式会社の瓶の「有機農法ビール」。舌が敏感になったのか、アルミ缶の味がダメになってしまって、ビールは瓶派です。

これは日本初のオーガニックビールで、農薬を使用せず栽培した大麦とホップ100％でできています。1瓶中に、通常の日本のビールより多い72㎎のポリフェノールが含まれているそうです。

19 今、3つの抗老化サプリに注目しています

私は、栄養素はできるだけ毎日の食事でとりたいと思っています。食べ物はすべて命あるもの。感謝しておいしく楽しくいただくことで、その命を引き継げると思うからです。

ただ、そうはいっても、アンチエイジングを目指すために「これだけは見逃せない！」と思うスペシャルなサプリメントとたまに出合います。

ここでご紹介するのは、そうした欲張りなプラスケア的なもの。「我こそはアンチエイジングの鬼である！」という方だけに、私が今注目している3つのサプリメントについてお伝えします。

❶水素

アンチエイジングの最大の敵は、酸化と糖化だと述べました。糖化対策については

お話ししましたが、問題は酸化です。

酸化は呼吸でも起こりますし、紫外線や電磁波を浴びたときにも発生します。処理の大変なものを食べたときも、肝臓で大量の活性酸素が生じます。

このように、生きているだけでどうしても起こる酸化をできるかぎり食い止めるため、ビタミンA・C・E、ポリフェノールなどの抗酸化物質を、野菜やフルーツから摂取するというのが、基本的なナチュラル・アンチエイジングの考え方です。

ただ、じつはこうした抗酸化物質の中で、頂点をきわめる物質があります。それが「水素」です。

水素は、不安定になった活性酸素と結びついて無害な「水」という形にし、体外へ排出させることができます。分子量が1で、とても小さいため、体の中であらゆる場所に入っていけます。分子量の比較でいえば、コエンザイムQ10の863倍、ビタミンEの430倍、ビタミンCの176倍、カテキンの290倍、ポリフェノールの220倍の抗酸化力があるのが水素です。

しかし、水素水などを飲んでも、水素は短時間で急速に消滅してしまいますので、これまでアンチエイジングを目指すものにとって、しょせん絵に描いた餅にすぎませんでした。追いかけても、つかもうとすると逃げていく、幻のスーパー抗酸化物質だったのです。

ところが、理学博士の及川胤昭《たねあき》先生が、水素をサンゴのカルシウムパウダーの中に閉じこめることに成功したのです。

これが体の中に入ると、体液と反応してマイナス水素イオンを発生。その持続時間は、1カプセルでなんと8～12時間。体内で老化を強力に促進する、もっとも凶暴な活性酸素ヒドロキシラジカルを消し去ってくれるのです。

水素を閉じこめたこのサンゴパウダーをカプセルに詰めたサプリメントは、「美的水素」「おはよう水素」という名前で商品化されています。私はこれを、1日に最低2カプセル飲んでいます。

❷ＡＣ－11

もうひとつ、以前から注目しているのが「ＡＣ―11」と呼ばれる、南米ペルーのキャッツクローの木の樹皮エキス。もともと、この地域の原住民が伝統的に薬草として利用していたものです。

人の体では、毎日、活性酸素により最大で50万回もＤＮＡの損傷が起きています。原因は、過剰な紫外線、化学物質、タバコ、排気ガス、薬の飲みすぎ、残留農薬、酸化した油の摂取、電磁波、過剰な飲酒、過剰なストレス、食べすぎ、肥満、砂糖のとりすぎ、過剰な運動、動物性脂肪の多い食事、電子レンジでの調理などなど、いろいろ。

こうした酸化ストレスも、ある程度はDNA修復酵素で修復されます。このDNA修復能力は結構すごくて、ある実験では、酸化ストレスを与えて57%も損傷していたDNAが、30分後には73%まで修復されたとか。この能力が加齢とともに落ちたり、修復能力が追いつかないほどの活性酸素をつくり出してしまうことが、老化であり、がんや生活習慣病の要因といわれています。

DNA修復に関する遺伝情報は染色体の11番目にあるのですが、AC-11には、この能力を著しく高める作用があるのです。

スウェーデンの大学で行なわれた、マウスに12シーベルトもの放射線を照射する実験結果があります。12シーベルトなんて、全身に一度に浴びたら死んでしまうほどの、大変な量の放射線です。

3時間後に脾臓《ひぞう》の損傷を見ると、何も飲まなかったマウスは、DNAの1本の鎖が23%切断され、もう1本は17%切断されていました。2本の鎖を切断されることは、細胞にとって致命的なダメージとなります。ところが、AC-11を飲んだマウスの脾臓では、1本の鎖を100%、もう1本を90%も修復していたそうです。

DNA修復酵素の働きを高めることは、アンチエイジングの夢の頂点です。ただ、AC-11が配合されているサプリメントは添加物が入っているものが多いので、もっとシンプルな処方でつくれるといいなと考えています。

また、AC-11は、肌に塗ると紫外線による肌のDNAの破壊を最大で95%も修復します。こういうすごい成分の面白いところは、たいてい飲んでよし塗ってよしなんですよね。

❸レスベラトロール

3つ目は「レスベラトロール」というポリフェノールで、老化を遅らせて寿命を延ばす「サーチュイン遺伝子」の働きを高めることがわかり、注目されています。

サーチュイン遺伝子は、地球上のほとんどの生物が飢餓対策として持っているものですが、ふだんは眠っていて働きません。どうすれば働くかというと、適切な栄養バランスは保ったまま、食べ物の量を減らしてカロリー制限をするのです。それにより、寿命が延びることが動物実験で確認されています。

人間も、カロリー制限をするとサーチュイン遺伝子の働きがONになり、血管が実年齢よりも若くなることが実証されています。血管だけでなく、肌、筋肉、骨、脳などさまざまな器官が若く保たれ、寿命が延びると考えられています。

カロリー制限以外で、このサーチュイン遺伝子をONにするもうひとつの方法、それがレスベラトロールをとることなんです。レスベラトロールをとれば、カロリー制限なしでサーチュイン遺伝子の働きが高まることが動物実験でわかり、現在アメリカでブームが起きています。

レスベラトロールは、ぶどうの皮やピーナッツの薄皮に含まれているのですが、量が多くないため、イタドリという山菜由来のサプリメントが多く出回っています。ただ、イタドリにはシュウ酸が含まれていて、とりすぎるとお腹を壊すことがあり、あまりオススメできません。

どうしたものかと思っていたとき、インドネシアで「生命の樹」と呼ばれる伝説の木の実「メリンジョ」に、レスベラトロールが多く含まれていることを知りました。実際、メリンジョを栽培して食べている地域は平均寿命が長いのです。メリンジョ由来のレスベラトロールは活性酸素を除去する能力が高く、持続力もあるようです。これも飲んでよし肌に塗ってよしで、美白作用もあるようです。なんだかワクワクしてきますね！

2章

NATURAL ANTIAGEING

シンプル＆ナチュラルな「スキンケア・メイク」の習慣

20 いらないものは入れない、ほしいものだけチャージ

私の食事に対する考え方と、スキンケアに対する考え方は基本的に同じです。簡単にいうと、「いらないものは入れない、ほしいものだけチャージ」。では、お肌にとって「いらないもの」とは？

まず筆頭は「活性酸素」です。活性酸素は、体の中だけでなく、お肌の上でも生じます。

最大の発生源は紫外線です。紫外線が肌にあたると、活性酸素が発生してさまざまなダメージを与え、老化させます。ただし、紫外線が肌にあたることによって、抗がん作用や丈夫な骨に欠かせないビタミンDの合成という必要不可欠な面もあるので、顔以外は適度に浴びます。

ほかには「化粧品に配合されている、防腐剤や合成界面活性剤などの化学物質」。こうした成分はほとんどの化粧品に入っていますが、肌にはまるで必要ないどころか、

むしろ肌を傷めたり、肌バリア（91ページ）をゆるめて敏感肌にしてしまいます。バリアが弱ると、紫外線を防ぐ力も弱くなるので、お肌の老化も進みます。

なぜこんなにいらないものが入っているかというと、化粧品を大量生産して、夏場50℃になることもある宅配便のコンテナの中でも、お店の炎天下のワゴンの中でも、スポットライトの熱さの中でも腐らず分離もせず、3年持つようにするため。流通や商売に必要ではあるけれど、お肌には必要ないものなのです。

こんなふうに、肌にとってマイナスでしかない「毒」を入れないことを基本にしています。どんなに有効成分が入っていようと、肌にマイナスの成分も入っていたら意味がないと考えます。

反対に、お肌に「ほしいもの」。それは、紫外線による光老化や活性酸素によって生じるダメージから肌を守ってくれる成分です。乾燥によるバリア機能の低下や、シワなどを防ぐための「うるおい成分」も大切。

こういうお肌にいい成分は植物から発見されることが多く、とくにここ数年、植物の持つ力が最先端の扱いを受けるようになってきました。

このすべてを兼ね備えているコスメは、ナチュラルコスメの中で厳選して見つけることができます。残留農薬の問題や植物の持つパワーを考えると、私が選ぶナチュラルコスメは、やはりオーガニックのものが多くなります。

また、せっかくスキンケアで毒を入れなかったのだから、メイク用品でも極力、肌に負担をかけたくないと思っています。日焼け止めやファンデーションに含まれている酸化チタンは、日光にあたると活性酸素を出す成分です。口紅やアイシャドーに含まれる合成色素や合成ポリマーも、はっきりいって肌にはよくありません。

とはいっても、素肌を美しくするために使う基礎化粧品と、美しく装うために使うメイク用品とでは用途が違うため、メイクについては「極力」というスタンス。いくら成分がよくても、使い心地が悪すぎたり、メイクのりが悪かったりするのは本末転倒だと思っています。

最近のナチュラルコスメは、成分がやさしいうえに、使い心地もいいものが増えてきました。20年前からナチュラルコスメを使っている私としては、本当にうれしい時代になりました。

21 肌バリアを守る習慣①
合成界面活性剤入りコスメは使わない

肌には、何もしなくても、私にぴったりのオーダーメイドのクリームが塗られています。どこのブランドの高級クリームより効果的な、「皮脂膜」という自前のクリームです。

お肌の一番上は角質層、その上にのっかっているのが皮脂膜です。皮脂膜は、汗腺から分泌される汗と、皮脂腺から分泌される皮脂がほどよく混ざったもの。その表面には1平方cmに100万個もの細菌がすんでいて、汗や皮脂を食べて天然の保湿成分をつくり、肌を弱酸性に保って悪玉菌の繁殖を防いでくれています。

この皮脂膜から表皮の角質層までが「お肌のバリア」で、外から異物が入りこまないように守ったり、肌の水分が蒸発しないように乾燥を防いだりしてくれています。肌バリアがないと、紫外線の影響をもろに受け、シミになりやすくなったり、DNAの破壊によるシワやたるみを起こしやすくなります。

この肌バリアを守り、天然のクリームをほどよく肌にまとうことが、私のスキンケアの基本中の基本です。

そのために大切なことは2つ。ひとつは、「合成界面活性剤」（以降「合界」と略します）の入っているクレンジングや洗顔料、スキンケアコスメを使わないこと。合界は水と油を混ぜるときに使う化学物質で、ほとんどのコスメに入っています。油となじむ性質があるので、油である皮脂膜と結びついて、肌バリアをゆるめてしまうのです。

合界には、石油由来のものや植物由来のものがありますが、たとえ植物由来のものであってもできれば避けたいところ。とくにクレンジングや洗顔料は、合界の使用量が多いので、注意が必要です。石けんなどの安全性の高い界面活性剤や、大豆からとれるレシチン（101ページ）など天然の界面活性剤が使われているものがいいと思います。

洗顔料に合界が入っているかどうかは、裏ラベルを見るとわかります。裏に「弱酸性」と書いてあったら、まずたいてい合界が入っていますね。石けんはアルカリ性なので、石けんだけの洗顔料を弱酸性でつくることはできません。

全成分に、「カリ石けん素地」「〇〇脂肪酸K」「〇〇脂肪酸Na」とあれば、石けん洗顔料と思われます。この脂肪酸は「ヤシ」「オリーブ」などの植物の名前であることが多いです。

植物油の名前とともに「水酸化K」または「水酸化Na」とあるのも、石けん洗顔料の可能性が高いですね。

こう書いてあっても、石けん成分も入った合界入りであることもありますが、その場合は、全成分のところに「～グルコシド」「ラウレス～」「ラウリル～」「ココイル～」「ココカミド～」「PEG～」「ポリクオタニウム～」「ポリソルベート～」などと書いてあるので、見分けることができます。

お肌のしくみ

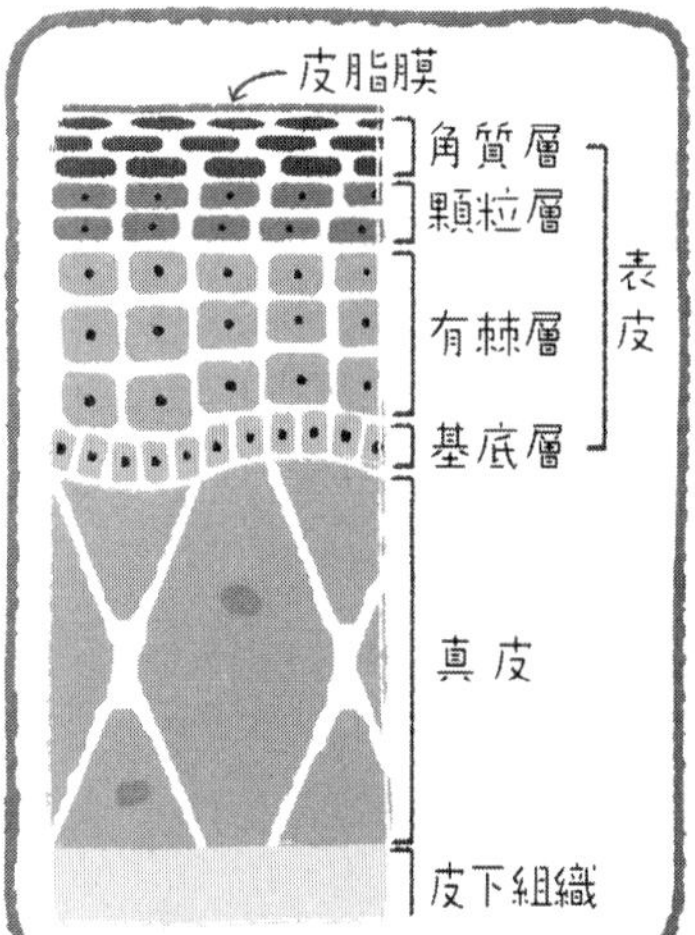

22 肌バリアを守る習慣②
顔を洗いすぎない

肌バリアを守るために大切なことの2つ目は、「顔を洗いすぎない」ことです。

顔を洗いすぎると、肌表面にすんでいて天然保湿成分をつくってくれる善玉菌たちが根こそぎいなくなり、時間がたっても戻りにくくなりますし、肌バリアもうすくなってしまいます。

といっても、肌表面には、アクネ菌など増えすぎると肌に悪影響のある細菌もすんでいますし、時間がたって酸化した皮脂やホコリ、メイクなど洗い流すべきものはあるので、適度に洗うことは必要です。

顔を洗いすぎないために私が実践しているのは、朝の洗顔には、合界の入った洗顔料はもちろんのこと、石けんさえも使わないということ。石けんは合界入り洗顔料に比べればバリアを慢性的に壊すことのない安心な洗顔料なのですが、皮脂を奪う能力はわりと高めです。

そこで朝の洗顔では、冬は洗顔料を使わず、冷ためのぬるま湯で洗うだけにしています。夏はクレイ（泥）の入ったジェル洗顔料で洗っています。

クレイベースで、石けん成分も合界も入っていない油分が多めのジェルタイプの洗顔料（ソフトクレイジェルウォッシュ）は、こういうものがほしくて開発してつくったのですが、皮脂を取りすぎない、やさしい汚れ落としです。脂性肌の方は、石けんをお使いになってもいいと思います。

夜は、お化粧をした日は、合界の入っていないクレンジング（リラックスアロマクレンジングクリーム）のみを使います。またはオーガニックコスメのクレンジングは、たとえ合界が入っていても植物性で配合量も多くないものが多いので、こうしたタイプも悪くありません。オイルタイプのものより、クリームやミルクタイプのもののほうが合界の量は少ない傾向にありますので、オイルタイプは避けています。

ダブル洗顔は基本的にしません。そのためには、まずファンデーションを替えなくてはいけないのですが、それは次の項目に譲ります。

洗いすぎがよくないからといって、コールドクリームやオリーブオイルなど植物油そのものをメイクとなじませてふき取る方法は、「ふき取る」という行為自体が肌を傷めます。しかも、ベタベタするのでそのあと石けん洗顔する方が多いのですが、この方式でメイクを落とすと、「ふき取る刺激＋石けんでの脱脂」で、合界ほどではないにしろ、肌バリアを攻撃してしまいます。

クレンジングは、やはり洗い流すタイプが一番肌に負担をかけないように思います。ふき取るのはアイメイクや口紅のみにし、その際もぬらしたコットンなどでやさしくふき取るようにします。

ただし、皮脂が出やすい方と乾燥肌の方とでは、洗顔料も洗顔回数も方法も変えたほうがいいでしょう。また、夏と冬では汗や皮脂の出方も違いますから、季節によっても変えたいですね。

皮脂が出やすい方や夏場は、石けんを使ってもいいと思いますし、汗でベタベタしていれば洗顔の回数を少し増やしてもいいと思います。

乾燥が強い冬は、洗顔の回数を減らし、乾燥肌の方は朝はぬるま湯のみで洗い、夜もダブル洗顔はしないほうがいいでしょう。脂性肌の方は、皮脂とメイクが混ざり合ってクレンジングだけでは落ちにくいこともあると思うので、その場合は、夜は石けんか合界の入っていない洗顔料でのダブル洗顔もいいと思います。

23 肌バリアを守る習慣③ ファンデーションはノンシリコーンに

顔を洗いすぎないことは、お肌のバリアを守るために、とても大切です。ただ、そのためにはまず、ファンデーションを見直さないといけません。

最近のファンデーションはくずれにくく、微粒子で、じつにきれいに肌をカバーしてくれますよね？　それはうれしいことなのですが、こういうファンデーションは、じつはとても落ちにくいのです。

考えてもみてください。くずれにくいということは、皮脂や汗にも強く、落ちにくいということ。微粒子ということは、粒子が細かくて量も多いため、肌のキメやシワの中に入りこんで、やっぱり落ちにくいということです。

こうしたファンデーションを落とすには、合成界面活性剤がたっぷり入ったクレンジングが必要です。それだけでは落ちていない気がして、ダブル洗顔をする方も多いでしょう。毎日これをくり返しているうちに、肌のバリアは慢性的にゆるくなり、乾燥肌、敏感肌をつくり上げていきます。

ナチュラルコスメを使い始めた方がしがちな最初のミスが、「ファンデーションはそのままで、クレンジングや基礎化粧品だけを替える」ということ。基礎化粧品はいいのですが、クレンジングはファンデーションとセットで考えなければいけません。

顔を洗いすぎないと決めたなら、クレンジングを替える前に、まずはファンデーションを替えないと、今度はメイクの汚れが肌に残り、これがもとで肌荒れを起こしてしまいます。

現在、流通しているほとんどのファンデーションには、シリコーンオイルや、これを粉末化したものが入っています。メイク用品に入っているのは、水にも油にも強い不溶性。化粧くずれを防いだり、ツヤ感を出すために、もう絶対といっていいほど入っています。

これらは、水溶性、不溶性をあわせて「合成ポリマー」という名前で呼ばれています。ビニールみたいな成分で、肌にとっては完全に異物。お肌の細菌によって分解もされませんし、吸収もされません。吸収されないのはいいのですが、その分、肌に残りやすいのが問題です。

シャンプーやリンスにも、髪の表面をコーティングして、にせのツヤ感をつくるため、ほとんどのものにシリコーンは入っています。一見ツヤツヤで見栄えはいいのですが、頭皮にはよくない成分です。お肌にももちろんよくありません。刺激はあまりないのですが、とにかく覆う力が強くて落ちにくいのが最大の欠点です。

ファンデーションの外箱があったら、全成分を見てみてください。

「ジメチコン」「メチコン」「シクロメチコン」「ビニルジメチコン」「シクロペンタシロキサン（ジメチコン／ビニルジメチコン）クロスポリマー」「メタクリル酸メチルクロスポリマー」「アクリレーツクロスポリマー」などとあったら、それがシリコーン系合成ポリマーです。

今や髪にすら「ノンシリコーン」の時代ですから、肌にもむろんノンシリコーンがいいと思います。シリコーンが入っていないファンデーションは、オーガニックコスメの中で探すと、意外と簡単に見つかります。

私は、24ｈ コスメの「ノンナノパウダーファンデーション」などのノンシリコーンタイプを使っています。シリコーンが入っていないパウダリーファンデーションは、たとえ合界が入っていてもわりと落ちやすいのですが、このファンデは合界も入っていないのでとても落としやすいのです。

ちなみに、一番落ちにくいのは、シリコーン系と合界がたっぷり入っているリキッドファンデやクリームファンデ。SPF数値が書いてあれば、落としにくさは最高潮です。顔を洗いすぎず、肌バリアを守るには、こういうファンデーションは使わないほうがいいと思います。

24 大豆レシチン乳化のコスメを選んでいます

私が合成界面活性剤を完全に断って、もう5年くらいたつでしょうか。肌のバリアを壊さないために始めたのですが、効果はほどなくあらわれました。

当時は、敏感肌というわけではなかったのですが、冬は粉を吹く乾燥肌。洗顔後に化粧水を使わないなんて、まず考えられませんでした。デパートの化粧品売り場で、マイクロスコープで肌を見てもらうと、「キメが粗いですねー。キメがないところもありますよ」などとよくいわれたものです。

当時も、できるだけ石油系の添加物が添加されていないコスメを選んではいましたが、ナチュラルコスメ系でも、植物由来の合成界面活性剤はふつうに入っています。そんな合界たっぷりのクレンジングオイルを使ったうえに、すっきりしないのでダブル洗顔は当たり前でした。

5年前に合成界面活性剤をすっぱりやめて、クレンジングもクリームもすべて大豆の「レシチン」で乳化したものに替えました。ついでにいいますと、合成ポリマーもやめてノンシリコーンタイプのものに替え、顔の洗いすぎもやめました。

最初はますます乾燥を感じましたが、2～3か月経過したある秋の日、洗顔後に何もつけていなくても、肌がしっとりしていることに気がつきました。それは冬になっても続き、ついには洗顔後に化粧水をつけ忘れるくらいになったのです！　それまで考えられなかったことで、かなりの衝撃でした。

今はマイクロスコープで見てもらっても、きちんときれいなキメが見えます。それ以来、すっかりレシチン乳化ファンになってしまったのです。


そもそも、クリームの基本的な使用目的は、皮脂膜を補うことです。皮脂膜こそが、私たちにとって一番の天然クリーム。皮脂膜は皮脂と汗などでできていますが、女性は男性に比べて皮脂の量が少ない方が多いうえに、年齢とともに皮脂の分泌は落ちてきますし、化粧で粉物を顔につけるので汗や皮脂を吸いやすいのです。皮脂膜を補って肌バリアを強くするために、良質なクリームは必要なんですね。

皮脂膜は汗と皮脂が、皮脂に含まれるリン脂質によって混じり合ってできますが、このリン脂質がいくつも集まったものが、ほかならぬレシチン。私がレシチン乳化のコスメを好むのは、レシチンがこれ以上ないほどの、究極の「天然」界面活性剤だからです。

人間の体の細胞膜の43％はレシチンでできています。レシチンは細胞の中で働き、必要な栄養分を吸収して不要な物質を排泄します。そのうえ情報の伝達にもかかわっているので、これがないと細胞は十分な働きができません。

さらにレシチンは、脳の神経伝達物質アセチルコリンの原料にもなり、脳の機能をアップさせますが、じつはアセチルコリンは表皮でもつくられることがわかってきています。表皮のアセチルコリンは、紫外線などで傷ついた肌細胞を修復してくれているのです。

こうした面からみても、レシチンを肌に塗ることは、肌にとてもプラスだと思います。

ただレシチンは、乳化力が弱い、においがあるなど、化粧品の乳化剤としては扱いが難しいので、多くのメーカーはレシチンだけで乳化しようとはふつうは考えません。とくに洗い流すタイプのクレンジングをレシチン乳化でつくることは、とてつもなくハードルが高いのです。それでも根気よく探せば、数は少ないですが、レシチン乳化のコスメは見つかりますので、探してみてくださいね。

25 ターンオーバーが停滞しているときのケア

お肌は大きく表皮、真皮、皮下組織の3つに分かれ、表皮はさらに角質層、顆粒《かりゅう》層、有棘《ゆうきょく》層、基底層の4層に分かれています。

こういうとずいぶん厚そうですが、表皮はこの4層を合わせても、わずか0・2㎜。肌バリアは角質層の表面にのっている皮脂膜と角質層ですが、角質層はさらにうすくて約0・02㎜。とってもうすいんですね。

皮脂膜と角質層は、細菌やウイルスや化学物質の侵入を防いだり、体内の水分が蒸発しないようにフタをしたりと、大切な役割を持っていますが、じつははがれ落ちる寸前の核のない細胞。新しい肌は、今日も基底層で生まれ、14日かけてだんだんと上に上がっていき、角質層となってさらに14日間肌を守ったあと、垢《あか》としてはがれ落ちていきます。

これが「ターンオーバー」ですね。このターンオーバーが通常の28日のときはいいのですが、短くなったり長くなったりすると、トラブルを招きやすくなります。

ターンオーバーが長くなると、古い角質細胞がいつまでもはがれずに残り、くすみを感じたり、肌がごわごわしたり、硬くなったり厚くなったりします。

ターンオーバーが短いと、角質が早くはがれて、その下の未成熟な肌細胞が角質となりますが、未成熟なために水分調整がうまくできなくて、カサカサしたり、逆に皮脂分泌が増えすぎたりします。

ターンオーバーのペースは、年齢とともに落ちてきます。40歳になると、40日になっていることもあるんですって！　くすみやゴワつきを感じるときには、滞ったターンオーバーをやさしくうながしてあげるケアが有効です。

とはいえ、積極的なピーリングは、肌バリアにダメージを与えがち。私は、週に1回程度、ゴワつきを感じたときだけ、微粒子のアーモンドパウダーの入ったやさしいスクラブを、力を入れずに目のまわり以外にのばして、洗い流すケアをしています。

ターンオーバーがいまいちかなと感じるときは、白樺樹液の化粧水を使います。早春に白樺が芽吹く直前に採取される樹液で、新しい葉をつくるために必要な栄養素がためこまれ、正常なターンオーバーをうながしてくれます。スーパーオキシドという活性酸素のおおもとを無害化する作用もある、頼もしい味方です。

26 お風呂ですっきり！困ったときの毛穴ケア

毛穴は誰にでもあるもの。毛穴から出てきた皮脂が、汗とともに皮脂膜をつくり上げて、天然のクリームとなるわけなので、毛穴はとても大切です。

大切なのはわかりますが、それが目立ったり、黒くなったり、開いているような感じがしたり、角栓が詰まっていたりすると、気になってしまいますよね。

こういうものは「あぶら毛穴」といいます。30代後半からは「たるみ毛穴」といって、開いた毛穴が、お肌のたるみによってさらにたれ下がって目立つという悩みも出てきます。

あぶら毛穴の場合は、肉食や油もの、砂糖を控え、ビタミンB_1・B_2・B_6・Cの多いうなぎや納豆やフルーツなどを食べて、皮脂の分泌をコントロールします。乾燥によって皮脂の分泌が盛んになりすぎている場合もあるので、化粧水を多めに、クリームは少なめに。睡眠不足も皮脂分泌を過剰にするので、よく寝ることも大切です。

毛穴の汚れを取りたいときに、私がよく行なう方法をご紹介しましょう。

まずお風呂に入り、湯船でよく温まります。温まりながら、お湯にひたしてしぼった温タオルを顔に。これで、毛穴を十分に開かせます。

このあと、クレイベースのパック（グリーンクレイペースト）を手に取り、毛穴が気になる場所にのばします。湯船から出て、パックが乾いたらぬるま湯できれいに洗い流します。その後、緑茶エキスやセージエキスが入った化粧水で毛穴を引き締めます。

毛穴の汚れをオイルでなじませて溶かしだすためにも、リンパの流れをよくするためにも、週に1〜2度オイルマッサージをします。前項で書いたスクラブなどのお手入れも、毛穴ケアに有効です。

たるみ毛穴のケアもだいたい同じですが、この場合はコラーゲンやエラスチンの減少とか、顔の筋肉の衰えとか、女性ホルモンのバランスなどの問題もありますので、ざくろエキスを飲んだり、フェイスエクササイズなどもします。

フェイスエクササイズの前には、月見草オイル、ボリジオイル、ローズヒップオイルなどをブレンドしたオイル美容液（ビューティーエイジトリートメントオイル）を顔に塗るようにしています。これらに含まれるリノール酸、リノレン酸、γ-リノレン酸の効果で、うるおいのあるお肌になり、毛穴が目立たなくなるのです。

お風呂で行なう毛穴ケア

1

湯船に入って、お湯に浸してしぼった温タオルを顔に当てます。

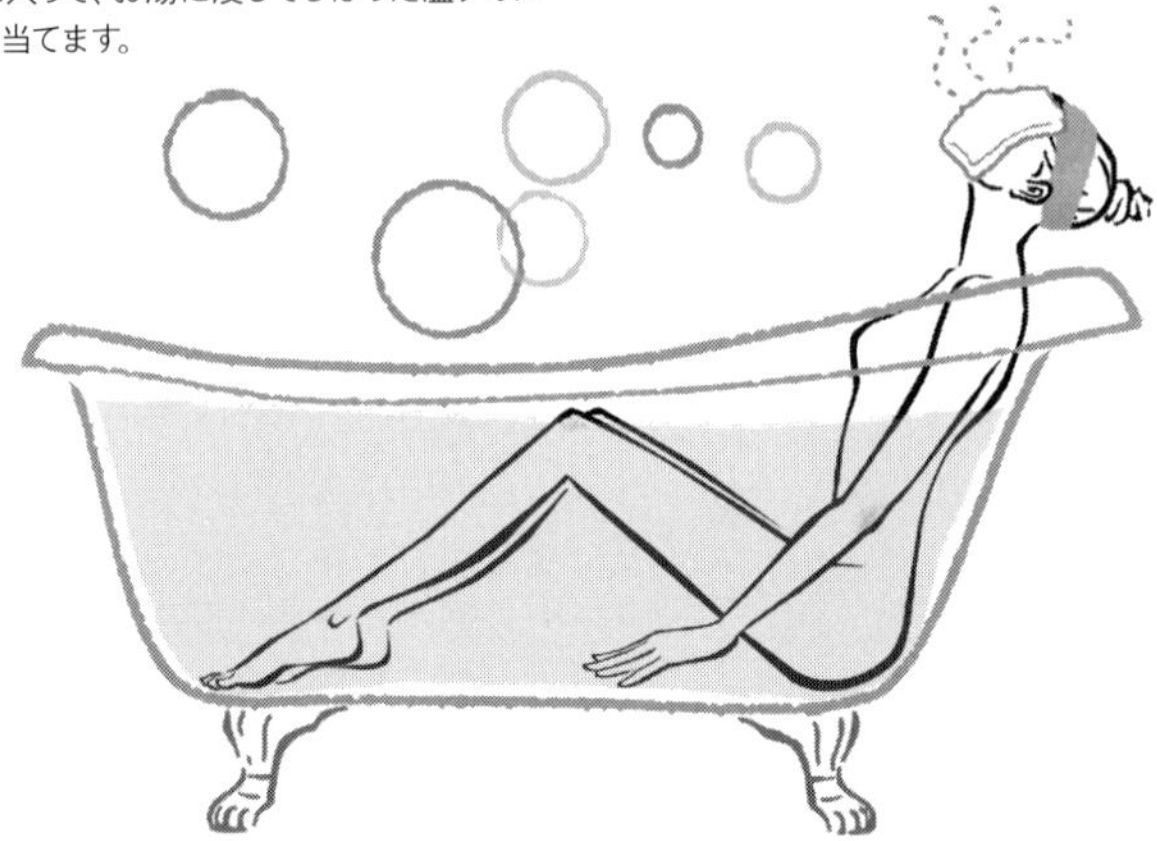

2

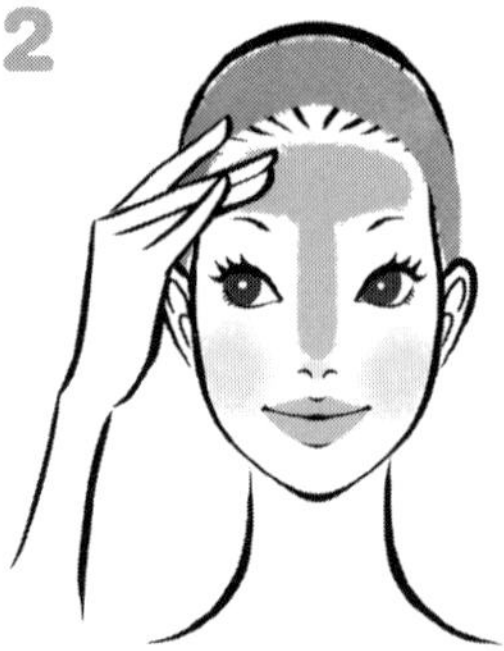

毛穴が気になるところに、クレイパックをのばします。

3

湯船から出て、パックが乾いたら、ぬるま湯で洗い流します。

27 タール色素は食べたくない！

毎日口紅を塗る女性は、一生のうちに口紅を30本食べている計算になるそうです！　ところで、口紅の、あのきれいな赤やピンクの色は何でできているのでしょう？　全成分表を目をこらして見ると、赤色１０２号とか黄色４号など、色の名前＋番号が書いてあります。これはいわゆる合成着色料で、「タール色素」と呼ばれるもの。最初、石炭のコールタールからつくられたのでこの名がありますが、今は石油から合成してつくられています。

このタール色素、「着色料として食品にも入っているくらいだから安全なんでしょ？　口紅くらい、モロに食べるわけじゃないんだから大丈夫なんじゃない？」と思っている方が多いのではないでしょうか。

現在、日本で食品への使用が認められているタール色素は12種類ですが、化粧品用としては、「口に直接入らないだろう」ということで83種類も許可されています。化粧品に使われるタール色素のうち、71種類は食用としては認められていないものです。

食用に許可されているタール色素も、昔は24種類ありました。ところが、１９６５年に赤色１号と赤色１０１号に発がん性が認められ、66年に赤色４号・５号、橙色１号・２号、黄色１号・２号、続いて３号にも安全性に強い疑いがあるということで使用が禁止になりました。

こうして、あとから発がん性がわかって、禁止になったものが半数もあるのです。

現在、食用で許可されているのは、赤色２号、赤色３号、赤色40号、赤色１０２号、赤色１０４号、赤色１０５号、赤色１０６号、黄色４号、黄色５号、緑色３号、青色１号、青色２号だけです。

しかし、赤色２号はアメリカでは使用禁止。赤色１０４号・１０５号・１０６号は発がん性があるとして、海外では使用を認めている国は少ないです。黄色４号はアレルギー症状を起こす恐れが指摘されていますし、緑色３号はＥＵとアメリカで、青色１号はＥＵで認められていません。スウェーデンやノルウェーでは、タール色素は全面禁止です。

それなのに、日本では化粧品用として83種類ですよ？　これは先進国の中ではとても多く、アメリカと比べても２・５倍になります。

食用の12種類だけでも安全性に「?」がつくものが多いのに、化粧品用は83種類。そのうち、口紅に許可されているもので口に入るのは58種類もあります。

毎日少しずつでも、タール色素が口に入るのは、私は本当に嫌。唇には角質層がほとんどないので、吸収しやすいですし、食べ物といっしょに口に中に入ってしまうことも多いのです。もちろん皮膚にも、皮膚刺激性や細胞毒性などの問題があります。まぶたも角質層がとてもうすく、バリアの弱いところです。

タール色素が怖いのは、昨日までOKだったものも、いつ何時、発がん性が認められて、新たに使用禁止になるかわからないこと。ここまでたくさんのタール色素に発がん性が認められていると、ほかのものも、たまたままだ証明されていないだけ?という気がしてしまいます。

私はメイク用品は、天然顔料や天然色素のものを選ぶようにしています。

Dr.ハウシュカ、ラヴェーラ、ロゴナ、MIMC、24hコスメ、ナチュラグラッセ、Zuii、モンタルト、アリマピュア、リマナチュラル、クレコス、プリベイル、ナティエラなどのナチュラルコスメはもちろんですが、一般のコスメでもHABA、ファンケル、ゼノア、アスカなども、タール色素不使用です。みなさんにも、まずは口紅だけでも、ぜひ見直してほしいなと思います。

28 私が行なっている毎朝のお手入れとメイク

　ここでは、私が毎朝、実際どんなスキンケアやメイクをしているかを、具体的に書いてみたいと思います。この本を書いている、夏真っ盛りの今の様子をどうぞ。

　朝はまず、クレイジェル洗顔料を手に取り、顔全体にのばして、少しマッサージします。

　朝は顔が若干寝ぼけていますので、顔にたまった余分なリンパ液を全部こめかみに流していく感じ。目のまわりもスーッスーッと流し、夏の朝は顔が皮脂で脂っぽいこともあるので、気になるときにはそのまま3分おきます。そのあと熱すぎないぬるま湯で洗い流します。冬は洗顔料を使わず、ぬるま湯だけで顔を洗います。

　そして化粧水。ニキビが気になるときは、やさしい制菌作用のあるフローラルウォーター、たとえばローズウォーター主体の化粧水を使います。

そういえば、昔は生理前に吹き出物が出ることがあったのですが、最近は全然出なくなりました。皮膚がゴワゴワするときは、白樺樹液の化粧水（ホワイトバーチモイストウォーター。105ページ）をつけます。

化粧水は手でつけます。こすらず、手のひらの化粧水を肌にのせて押さえていくような感じ。こうすると、肌に刺激も少なく肌なじみもいいのです。

化粧水は、アクネ菌の制菌のため、毛穴の引き締めや抗酸化作用のためにつけています。肌の水分は、あくまでも体の内側から満ちてくるもの。外からつけても、ほとんどの水分は蒸発してしまいます。でも、天然のクリームである皮脂膜には、皮脂とともに汗などの水分も含まれているため、化粧水には皮脂膜に含まれる水分を少し補うという意味合いもあります。


その次に、油分を含まない有効成分の入った美容液を少し使います。今はAC−11の美容液（アクティブリペアタイムレスセラム）ですね。

このあと、クリームや日焼け止めを使います。皮脂も油ですが、クリームも油。皮脂の油が酸化すると肌によくないので、脂溶性の抗酸化成分のビタミンEが多くて、酸化しにくい性質の植物オイル、具体的には、オリーブオイル、アルガンオイル、アボカドオイル、プルーンオイル、マカデミアンナッツオイル、米ぬか油、椿油、ホホバオイルなどをメインで使っているクリームを使います。

皮脂が多い夏は、クリームの量もごく少なめ。冬は夏より多くつけます。あまり多く塗ると、化粧くずれもしやすくなりますので要注意。

そのあと、ＭＩＭＣのコンシーラーを、気になる目の下のちょっとしたくすみなどに塗り、ノンシリコーンのパウダリーファンデーションを押さえるように塗ります。私は紫外線にあたると活性酸素を発生させる酸化チタンをできるだけ避けていますので、ふだんは自分で開発したノン酸化チタンのパウダリーを塗り、チークもオーブリーオーガニクスの酸化チタンが入っていない「シルケンアース　ブラッシュパウダー」を使っています。

でも、酸化チタンが含まれていないと、ファンデーションは白さにやや欠けるため、ここぞというお出かけのときには、ノンナノの酸化チタンが入ったパウダリーファンデを使用することもあります。そのあたりはＴＰＯに合わせてですね。

アイシャドーはふだんはほとんど使いませんが、使うときはMIMCの「ミネラルカラーパウダー」で、基本的にブラウン系が多いですね。アイブローは、MIMCの姉妹ブランドMake My Keyの「ミネラルアイブロー」。自然に描けるし値段も安いし、最高です。

アイラインは、今はジェーン・アイルデールの「アイペンシル」のベーシックブラックを使用。ノンシリコーンなのに発色がよいので、気に入っています。少しにじみますけど、汚くはなりません。

口紅はグロス派なので、透明か、ほんのり色がつく程度のナチュラルグロスで仕上げます。顔の血流がよいと、色をつけなくても、唇はこれだけできれいなピンク色に見えます。

最後にマスカラですが、これだけはケミカルで目力アップ！　成分重視だとすぐにパンダ目になることが多いので、マスカラだけはすっぱりと割り切って、フィルムタイプ。お湯でするっと脱皮するように落ちるので、クレンジングが楽で、目のまわりに負担をかけません。今は、クリスチャン・ディオールの「アイコニック」を愛用中。マスカラ下地までつけちゃいます。

さぁ、今日も元気に頑張りましょう！

29 光老化を避けるために気をつけている4つのこと

紫外線があたると、お肌でも体内でも活性酸素が生じます。これにより、お肌のコラーゲンやエラスチン繊維が分断されたり、DNAが傷つけられることもあります。これが「光老化」で、シワやたるみの元凶です。

みなさん、紫外線というとメラニン色素を恐れますが、メラニン色素はこうした光老化が起こらないように、メラノサイトから放出される守り神。お肌に入りこむ紫外線を吸収して、紫外線による炎症を防ぎ、細胞に傷がつくことから守ってくれているのです。

白人に比べ、皮膚の色が濃い黄色人種や黒人のほうが皮膚がんになりにくいのも、メラニン色素が多いからです。ただし、だからといって日焼けしていると、メラニンが頑張る以上のダメージを与えて老化が促進されますし、ターンオーバーが狂っているとシミになることもあるので気をつけて。

そう、怖いのは日焼けではなく、光老化を起こす紫外線そのものなのです。
光老化対策として、私は次の4つのことに気をつけています。

❶できるだけ紫外線にあたらない

私は、1日のうちでもっとも紫外線量が多い午前10時から午後2時に外出するときは、冬でも必ず帽子をかぶります。帽子は、つばが8㎝以上あれば顔の8割くらいはカバーしますので、ばかにできないアイテムです。

気をつけているのは窓際です。UV-Aは波長が長いので、窓ガラスを通り抜け、皮膚の深いところまで差しこんで、ジワジワと光老化させていきます。できれば、窓ガラスに、UV-AもカットするUVカットフィルムやミラーカーテンなどをつけたいですね。最近は、窓ガラスに塗るだけでUVカットできる液状のものも出ています。

紫外線が肌にあたるとビタミンD_3が合成され、抗がん作用や骨が丈夫になるなどのよい面があるのですが、これは波長が短いUV-Bでしか合成されません。UV-Aしか通過しない窓ガラス越しの日光浴は、光老化しかありません。

ビタミンD_3のためには、素肌で直射日光が基本。夏場ならほんの10分、腕か足を出して太陽にあたれば、必要なビタミンD_3は合成できます。これも嫌だという方は、魚やきくらげを食べるか、「AOZA」などのサプリメント（62ページ）をどうぞ。

ここまで読まれた方は、私が「SPF50、PA+++」くらいの日焼け止めを使っていると思われるかもしれませんね。みなさん過信しがちな日焼け止めですが、私は、真夏でもSPF10の植物性のもの（ベリーズビューティーサンスクリーン）しか使っていません。

紫外線の防御率は、SPFが10以上あれば90%以上です。SPF50では95%程度。こんな微妙な差なのに、数字が大きいと肌への負担ばかりが大きくなります。

しかも、紫外線を乱反射させるために日焼け止めに配合されている酸化チタンは、日光にあたると活性酸素を出す成分です。化粧品用なので活性は低いのですが、日焼け止め用は微粒子なので活性が高くなります。日焼けはしないかもしれないけれど、その分、肌には負担。しかも落ちにくいので、強いクレンジング剤も必要になり、肌のバリアをゆるめます。

これを毎日毎日肌に塗ることの負担と紫外線の害を天秤にかけて、私はギラギラの炎天下の海辺のリゾート以外は、「酸化チタンが含まれていない植物性の日焼け止め+帽子」と決めています。

植物性の日焼け止めは、植物の持つ色素と抗酸化物質、抗炎症作用で、お肌を紫外線から守ってくれます。つけたまま眠ることもできるすぐれものです。

どんな日焼け止めでも、汗をかけば取れてきますので、汗をかいたときには塗り直しが必要です。私は、日焼け止めの塗り直しができないときは、ファンデーションだけでも塗り直すようにしています。ファンデーションは、SPF値が書いていないものでも、物理的な遮断によりSPF5〜10くらいはありますから。

植物性の日焼け止めを塗って、汗をかいたら日焼け止めまたはファンデーションの塗り直し、さらにつば広帽子があれば、夏場の外出もバッチリです。

❷抗酸化物質を塗ったり、食べたりする

ビタミンA・C・E、ポリフェノールの多い植物原料などは抗酸化作用が高いので、肌に塗ったり食べておくと、肌で生じる活性酸素を無害にしてくれます。紫外線の害は活性酸素の害が大きいので、こうしたものを取りこむことで、肌の抵抗力を上げることができます。アルガンオイル、アボカドオイル、プルーンオイルなどは、ビタミンEが多くて気に入っています。

食べ物では、トマト、かぼちゃ、ほうれん草、すいかなど、カロチノイドの多いものを夏場はよく食べます。スーパーフードの項でも書きましたが、カロチノイドは紫

外線により発生する活性酸素の消去が大得意。ラズベリーオイルやあんずのオイルもカロテノイドが多いので、肌にぬることですごい威力があります。

ビタミンCの多いカムカムフルーツのサプリメントも、朝昼夕と飲んでいます。宮古島の「ビデンスピローサ」というハーブには抗炎症作用があるので、これを使った化粧品やお茶もいいですね。

ほかに、フィンランドのビルベリーの葉の抗酸化力も見逃せません。ビタミンCやビタミンEの10倍もの抗酸化力があるのです。

❸DNA修復酵素を活性化させる

これには、1章でご紹介した、南米ペルーのキャッツクローという樹皮のエキスであるAC−11の力を借りています。飲むことでDNA修復酵素を活性化させるのですが、肌に0・5％の水溶液を塗ることでも、紫外線によって破壊された細胞を95％くらい修復する力があるそうです。

私は、AC−11を0・6％配合した美容液（113ページ）を朝晩使っています。紫外線があたって細胞がダメージを起こしても、要は修復してくれればいいわけです。植物の持つ力は本当にすごいですね！

❹皮膚細胞を活性化させる

光老化に打ち勝つくらい新陳代謝を高め、抵抗力のある皮膚細胞にするために、週に1～2度、オーガニックのオイルでやさしくマッサージしたり、肌がごわごわザラザラしてきたときに、粒子の細かいスクラブでこれまたやさしく顔を洗ったりしています。

それでも日焼けしてしまった！　という場合。赤い日焼けはサンバーン。やけどと同じで炎症ですから、とにかく徹底的に冷やします。冷やすことで、メラニン色素の発動を最小限に抑え、肌へのダメージも軽減できますし、シミを防ぐこともできます。

そしてそのあとは、抗炎症作用のあるアロエベラやオリーブ葉エキスの入ったクリームや美容液を塗ります。

私は、AC-11の美容液や日焼け止めを、日焼け後にも塗るようにしています。宮古島の海辺でうっかり太ももに何も塗らずに日にあたって、真っ赤になってしまったときも、夜に植物性の日焼け止めを塗ったら翌日には白くなっていました。

この4つの作戦が効いているのか、目立つシミもシワもたるみも、今のところあまりないので、しばらくはこの路線を続けようと思っています。

30 美白のためにちょっぴり気をつけている4つのこと

本当の美形は少しくらい日に焼けていても健康的で素敵ですし、褐色の肌が似合うオリエンタルな顔立ちの方もいますので、一概にはいえませんが、どちらでもない場合は、どうせなら白いほうがきれいに見えることは間違いありません。

どちらでもない、いたって日本人顔の私は、ゆえに美白には多少気をつけています。多少と書いたのは、命をかけるほどかと問われると、そこまでではないからです。

❶顔は紫外線にあたらない

沖縄に行ったときや、畑にいるときは「サンバリア100」という完全遮光の帽子をかぶり、さらに「フェイスonワンピ・」という顔につけるワンピース（ワンピースといっても、見た目はアラブの女性っぽい感じになります）をつけて、とても大きいUVカットのサングラスをしていますので、あの姿を見た方からは「多少なんてもんじゃないでしょ？」とつっこまれそうですが、あれは光老化を気にしているだけ。

メラニン色素は、光老化から肌を守ってくれるありがたい存在。メラニン色素が発動するくらい紫外線を浴びてしまったとしたら、むしろ発動してもらったほうが、まだいいと思っています。ですから、なるべくメラニン色素発動のお世話にならないように、もとから顔は遮光しておくということを主眼にしています。

❷顔はこすらない

そのほか、メラニンちゃんのお世話にならないよう気をつけていることは、まず「顔をこすらない」ということ。皮膚は強くこすられると、「攻撃を受けている！」と防御態勢に入ります。皮膚が持つ最大の防御法が「メラニン色素の発動！」なのです。

いつもこすられている部分、たとえば下着のゴムが触れるところが黒ずんだりするのは、そういうメカニズムで発生したメラニン色素が沈着したものです。

あそこまでいかなくても、いつも摩擦の刺激を受けていると、皮膚はなんとなーく茶色くくすんでくることがあります。そのため、クレンジングクリームはふき取るタイプでなく洗い流すタイプにし、ふき取り化粧水などもできればやめるか、ときどきにしたいですね。

洗顔後に顔をふくときは決してこすらず、水滴をタオルで押さえるようにしています。私は、タオルのやわらかさにもこだわっています。オーガニックコットンの「スーピマエンジェル」というふんわりタイプか、しっとりとしたやわらかさの「白雪うるおいたおる」を使っています。

リンパの流れをよくしたり、コラーゲンやエラスチンの生成をうながすためにフェイスマッサージもしますが、オイルですべりをよくして摩擦を減らし、やさしい力で週に1、2度です。フェイスローラーもたまに使いますが、金属が直接肌に触れるものはやめたほうが無難。私は、シリコンゴムが巻いてある肌あたりがやわらかい「Dr.Tルナビジン」というフェイスローラーを使っています。すごく顔が上がりますよ！

ターンオーバーをうながすためのスクラブも、週1か2週に1回程度。くるみなどの粒子の大きい硬いスクラブではなく、やわらかい微粒子のスクラブを選び、力を入れないのがポイントです。

化粧品に入っている肌に不要な化学物質も、肌の刺激になり、刺激を感じるとメラノサイトが反応することがあります。植物成分でもすべてが肌に合うとは限らないので、化粧品で刺激を感じたら使用しないように注意しています。

❸ストレス、睡眠不足、ホルモンバランスに注意する

ストレスを受けてイライラすることが多いと、女性でも男性ホルモンが分泌されやすくなります。男性ホルモンの分泌の指令を出す場所は脳下垂体にあり、隣にあるメラニン細胞刺激ホルモンにまで影響を与えやすいのです。このため慢性的なストレスは、シミを誘発することがあるので注意したいですね。

男性ホルモンは、睡眠不足でも発動されます。私にもひとつだけ小さなシミがあるのですが、これは本の原稿を書いていて徹夜続きだったときに、たった1日でできました。睡眠不足はシミにとっても恐ろしいのです。

同じくホルモンの問題では、女性ホルモンの黄体ホルモンが増えるとメラノサイトが刺激されますので、黄体ホルモンが多い生理前の14日くらいは、とくに紫外線や摩擦に注意しましょう。また、女性ホルモンのエストロゲンが減少すると、ホルモンバランスがくずれて、メラニン細胞刺激ホルモンが活性化します。クラリセージ、フェンネル、ゼラニウムブルボン、ローズなどの精油の香りには女性ホルモンのバランスを整える作用があるので、アロマテラピーなどもオススメです。

❹シミをつくらない

ニキビ跡は色素沈着を起こすと、そのままシミになる場合もあります。現在ニキビになっているところや、無理な脱毛処理などが原因で炎症性色素沈着になることもありますので、こういう部分はとくに紫外線にあたらないようにしたいですね。

化粧品では、天然のビタミンCが多いはまなすの花を漬けこんだオイル、サジーオイル、あんずオイル、ラズベリーオイルなどに、美白作用のあるにんじん種子やネロリの精油などをブレンドした美白オイル（ホワイトエッセンスフルーティオイル）を使っています。シミの部分にだけつけて寝ることもあります。

ラズベリーオイル、ストロベリーオイル、ざくろオイルには、美白作用のあるエラグ酸が多いのです。私が使っている植物性の日焼け止めにはラズベリーオイルが入っていますし、ストロベリーやざくろのオイルはときどきマッサージに使っています。

その他、ローズヒップエキス、カミツレエキス、メリッサエキス、メリンジョエキス、ビルベリー葉エキスにも美白作用があります。

食べ物では、糖化を起こす食べ物はシミの原因になりますので、白砂糖系のお菓子を食べないようにしています。酸化した油が気になる時間のたった揚げ物や、揚げ菓子なども要注意。ヒースのハーブティーや砂糖を加えていない甘酒には、美白作用のあるアルブチンが含まれているのでオススメです。

31 大切な日の前3日間に行なっているスペシャルケア

仕事が立てこんでいる最中に、雑誌の撮影や店頭イベントなどが入って、ふと鏡を見ると、「ありゃ？　かなり顔がお疲れモード？」ということがあります。こんなとき、本番直前の3日間を私がどんな作戦で過ごしているか、書いてみたいと思います。

まずこの3日間は、何があろうとも11時半までには寝るようにします。よい時間に寝ると細胞が修復されて、肌の状態はとてもよくなります。若い頃は前の夜からでよかったのですが、40歳を過ぎたら3日前からやっておかないと追いつきません。

寝る時間が早くても、夕食は寝る3時間前までにすませます。睡眠中は胃腸の働きが低下しますので、胃に食べ物があると消化不良の原因になり、腸内の悪玉菌が増加しやすくなりますので要注意です。

さて3日前。肩と首のオイルマッサージをします。3日前からこれをしておくと、顔の血流やリンパの流れがよくなり、肌がイキイキしてむくみもすっきりしてきます。好きな香りの精油入りのオイルを使うと、なおいいですね。

私はダマスクローズや、ローマンカモミールとゼラニウムの組み合わせが好きなので、よく使います。オイル30㎖に対して精油6滴くらいを目安に、自分でブレンドすることもあります。肩がこっているときは、ローズマリーやジュニパーベリーの精油を選ぶこともあります。

この日に顔がゴワついているようなら、やさしいスクラブを使います。直前より3日前に行なうほうが効果アリ！

また、ふだんでも毎日飲んでいる水素サプリメント（83ページ）は、飲む量を増やし、午前10時、午後3時、9時と時間を空けて3カプセルずつ飲みます。さらに寝る前に生きた酵母のサプリメント「瀧の酵母」（51ページ）を1包。こうすることで、腸内の善玉菌が増えて、腸のトラブルが起こりにくくなります。

2日前。水素サプリと瀧の酵母は変わらないのですが、チベット体操というチベットの僧院に伝わる5つの体操を3回ずつ行ないます。

そして、ヒマラヤ岩塩を入れたお風呂で半身浴。蒸しタオルを顔にのせて毛穴を開かせてから、Tゾーンのみクレイパックをし、時間をおいて洗い流します。こうすると毛穴の汚れがすっきりです（108ページ）。

マッサージは、やはり首と肩のオイルマッサージを。眉毛を整えたりするのは、この日にすませておきます。


さて、いよいよ前日。サプリやチベット体操は引き続きですが、ほかに特別に行なうのは、顔のオイルマッサージと顔の筋トレのみ。

少しでも睡眠に回したいので、マッサージや筋トレにはあまり時間をかけません。ポイントとなる部分を重点的におさえた、簡単でスペシャルなエクササイズを、湯船の中などで超特急に行ないます。

マッサージのあとは、温タオルを顔にのせて1分。その後、強くこすらないように注意して、きれいにふき取ります。この日の夕食は、塩分は控えめでカリウムの多い切り干し大根や海藻などを。

さぁ、明日は頑張るぞ！

お風呂で行なう顔の簡単スペシャルエクササイズ

1

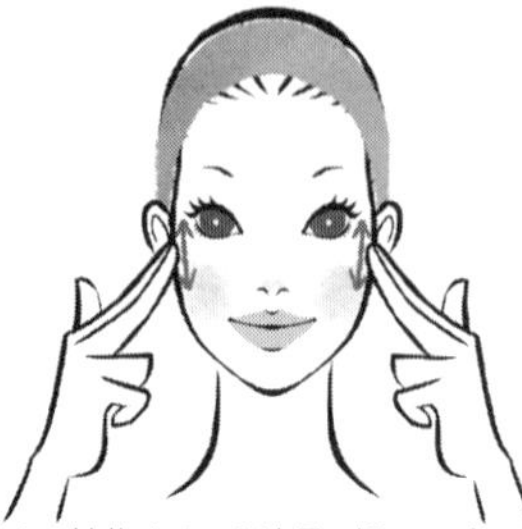

はじめに植物オイルを適量、顔にのばします。耳の手前を指で10回、上下にさすります。

2

耳たぶをつまんで、外に少し引っぱりながらほぐします。

3

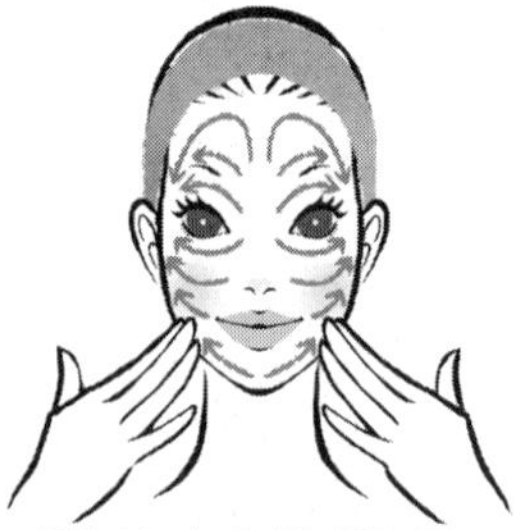

おでこ、眉毛、目の上、目の下、頬骨の下、口の横、あごと上から順に、顔の中心からこめかみのほうへ向けて、指で流すようにマッサージします。

4

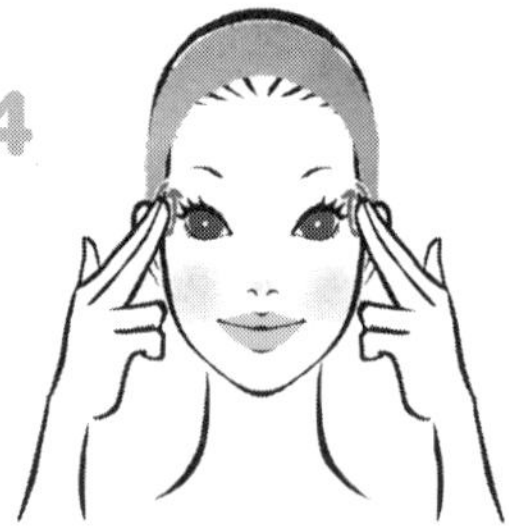

こめかみをくるくるとマッサージします。

5

目を大きく開く、ギュッと閉じるを10回くり返します。

6

上下の歯を唇で巻きこんで、口を大きく開き、口角を10回上げ下げします。これで終了。

3章

NATURAL ANTIAGEING

20代の見た目を維持する「カラダ」の習慣

32 顔をたるませないために口角と輪郭をアップ！

顔も含めたカラダづくりの習慣の中で、私がとくに気をつけているのが、「顔をたるませない」ということです。

体の内側からは、コラーゲンをつくるためのアミノ酸が多い食材、たとえば高野豆腐やきな粉、干し納豆などをよく食べます。たんぱく質が少なかった日は、「マリンコラーゲンパウダー」（天然の鮭の皮でできた、石油系溶剤を使わないコラーゲンペプチド）を豆乳に入れ、少しざくろジュースを加えたスペシャルドリンクを飲んでいます。

また、コラーゲンはアミノ酸だけでは合成されないので、ビタミンCもこまめにとるようにしています。ビタミンCは、果物以外にはピーマンやブロッコリー、ゴーヤなどにも多いですね。

さらに、コラーゲン繊維をきゅっと束ねてくれるシリカというミネラルもとっています。ただし、1章でも書きましたが、無機シリカはほとんど吸収されないので、植物の光合成を経て人間が吸収しやすい形に変化したあとの有機シリカを、「ベジ・シリカ」というサプリメント（38ページ）でとっています。シリカは、食品では、ほたて貝柱、豆類、ほうれん草、にんじん、しょうがにやや多いです。

顔のたるみ防止のために、食事以外でとくに気をつけていることは、口のまわりと顔の輪郭をたるませないということです。

30代も半ばを過ぎれば40代とそんなに変わらないと思うのに、30代は30代に、40代はやっぱり40代に見えてしまうんですよね。それはなぜなのか？　ずっと観察してきた結果わかってきた、「顔の印象を左右する衰えベスト5」をあげたいと思います。

1位　口のまわりを中心とした筋肉がたるんだり、輪郭がもたついてくる
2位　髪にコシやツヤがなくなる
3位　目がくぼんだり、頬がそげてきたりする。肌のふっくら感がなくなる
4位　顔の皮膚の角質の厚さや硬さが増す
5位　目のまわりの小じわと上まぶたのたるみによって、目が小さくなる

ちょっとげんなりしてしまう話ですが、だいたいこの5つが見た目に影響が大きい

と思います。

目を最後に持ってきましたが、目はマスカラやメイクでなんとかごまかせるもの。いっぽう、意外と隠せないのが口の周辺のたるみです。

口の周辺がたるむと頬もたるんできて、ほうれい線が出たり、口角が下がります。顔の輪郭がもったりとしてくるのも、たるみ老化のサイン。また盲点ですが、髪は面積が大きいし、顔の額縁なので、髪に元気がないと意外と老けて見えます。

私が実践しているのは、黙っているときやひとりで仕事をしているときに、いつも唇に力を入れて、きゅっと結ぶということです。このとき口角を少し上げて唇を結ぶようにします。ふだんからこれを行なうだけでも、口のまわりはずいぶんたるまなくなりますよ。

お風呂などではエクササイズとして、鼻で息を吸って口を強く閉じて、息を止めて口角を横に引いて5つ数え、息を吐きながらゆるめ、というのをくり返します。

顔の輪郭には、口を開けたまま横に開いて、下あごを突き出し顔を上に上げるエクササイズが効果テキメンです。要するに「アイーン」ですね。トイレに行くたびに行なえば、かなり引き締まってきます。誰にも見られないし、行なうにはトイレはいい場所だと思いませんか?

口角アップエクササイズ①

唇に力を入れ、口角を上げて
キュッと結びます。

口角アップエクササイズ②

口をギュッと閉じて鼻で息を吸い、息を止めたら口角を横に引いて5秒キープ。

息を吐きながらゆるめます。これを10回くり返します。

輪郭引き締めエクササイズ

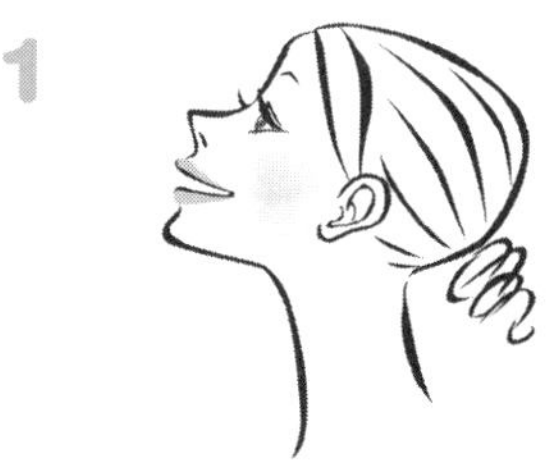

口を空けたまま横に開きます。

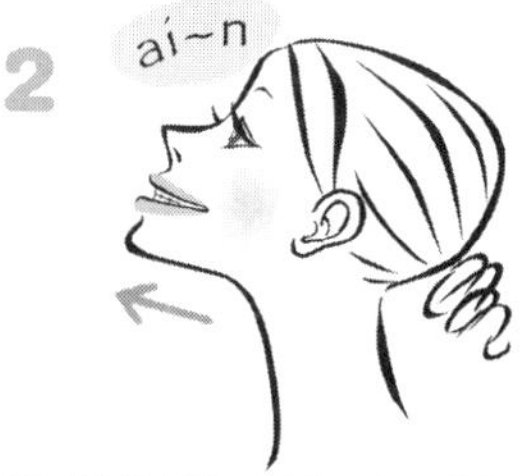

下あごを突き出して上を向き、5秒たったら元に戻します。これを10回くり返します。

33 アゴをゆるめて顔をひとまわり小さく

治療室では、顔の矯正もさせていただくことがあります。最近増えているのが、顎《がく》関節症の方。初診の方の5人にひとりくらいが「口を開けるときカクッと音が鳴ります」とか「口を大きく開けづらいことがあります」とおっしゃいます。

顎関節がずれている場合、それを矯正するのもカイロプラクティックの施術のひとつ。ただ、顎関節のゆがみには、かみ合わせの不良やかみ方の癖などがかかわっていることがありますので、関節を矯正しただけでは不十分な場合も多いです。

かみ合わせは悪くなくても、ストレスから、寝ているときにものすごく奥歯をかみしめたり歯ぎしりをしたりして、こめかみにある側頭筋や耳の下あたりのエラの部分にある咬筋《こうきん》がガチガチに硬くなっている方を見かけます。

とくに咬筋が発達して太くなっている方が多く、見た目にも、顔が四角く見えたり、エラが張って見えたり、顔が大きく見えるので問題です。片方ばかりでかんでいる片がみをしている方などは、咬筋の太さの違いで頬の横幅に左右差が出てしまって、目の大きさや高さにまで影響していることもあります。

私はときどき、咬筋が太くなっていないか、左右対称かどうか確認しています。やり方は簡単。左右の手のひらで、エラ部分を触りながら、口を閉じたまま奥歯を強めにカチカチ噛んでみてください。このとき動いている頬の下の筋肉が、咬筋です。咬筋の位置がわかったら、左右の親指と人さし指で軽くつまんでみましょう。左右差もなく、細くてあまりつまめないわという方は大丈夫。ずいぶん硬くて太いという方は、寝ているときに奥歯をかみしめる癖があるかもしれません。左右で咬筋の太さが違うと感じる方は、片がみをしているか、顎関節にゆがみがある可能性もあります。

咬筋が太く硬くなっているときは、マッサージでほぐします。咬筋、こめかみ、首の前側の筋肉（胸鎖乳突筋）――かみしめている方は、だいたいこの3カ所がガチガチに硬くなっていますので、ゆるめてあげると顔がふわっと楽になります。

ふだんの生活では、必ず左右均等にかむということを気をつけています。歯の問題でどちらかがかみにくいという方は、歯科治療をしましょう。

アゴがゆるむと、顔はずいぶん小さく見えます。今の顔の大きさは、あなたの本当の顔ではないかもしれませんよ⁉

咬筋の見つけ方

1

手の平をエラに当て、口を閉じたまま、奥歯を強めにカチカチかみます。このとき動いている頬の下の筋肉が咬筋。

2

親指と人差し指でつまんでみて、硬くて太いか、左右の太さが違う場合は、咬筋をほぐすマッサージをしましょう。

咬筋をほぐすマッサージ

1

頬、こめかみ、首にオイルかクリームをのばし、奥歯をかまずに、口の力を抜いて半開きにします

2

指の腹全体を使って、咬筋をくるくると少し強めにマッサージします。

3

こめかみをくるくるとマッサージします。

4

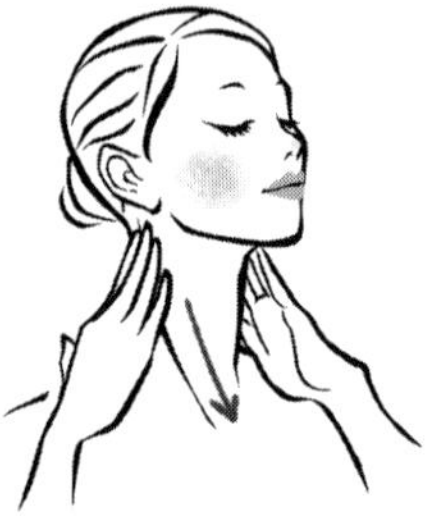

胸鎖乳突筋を上から下になでるようにマッサージします。

34 眉毛をほぐして眉間型老け顔にサヨナラ

写真の自分が何か違う、撮られるのが嫌になってきた――35歳以上の方ならそう感じたことがあるかもしれませんね。写真の自分が昔と違うように見える理由のひとつは、意外にも眉毛です。額が重く、眉の位置が下がってまぶたもたれ下がり始めているのは、口のまわりのたるみよりも写真写りに影響します。自分では目を大きく開けたつもりでも、眠そうな目に写ってしまうことがあるのです。

また、眉間《みけん》も緊張して筋肉が収縮し、狭くなりやすくなります。こうなると、なんだか険しい不機嫌そうな顔になってしまいます。

そうならないために、私は、気になったときに眉毛をほぐすようにしています。眉毛をほぐすと、緊張していた眉間がさーっとゆるみ、やさしい表情になります。

最初は少し触っただけで痛いかもしれませんが、エクササイズをくり返すうちにだんだん痛くなくなってきます。目が大きく開きやすくなるので、写真に写る顔に若々しさが出てきます。かすみ目が改善され、よく見えるように感じるかもしれません。
老け顔写真にならないコツは、自分ではこのくらいがふつうと思うところから、さらに1・2倍くらい大きめに目を開くこと。それくらいがちょうどよいのです。

眉毛をほぐすマッサージ

1

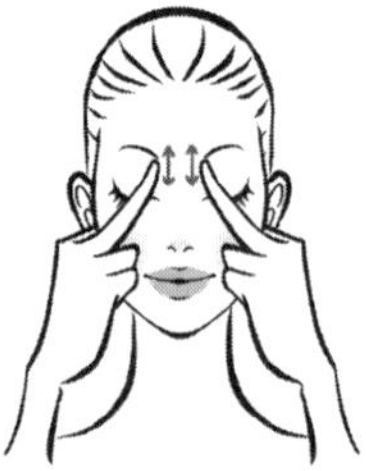

眉のまわり、こめかみ、首にオイルをのばします。中指を眉頭にあて、下から上に突き上げるようにぐーっと押しながら、指を上下に動かします。

2

眉骨の内側に中指を入れ、眉毛にそって彫刻を掘るようにして眉尻までマッサージします。

3

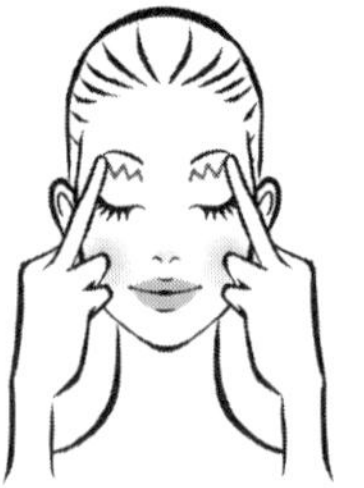

眉頭に戻り、今度は中指をジグザグに上下させながら、眉尻までマッサージします。

4

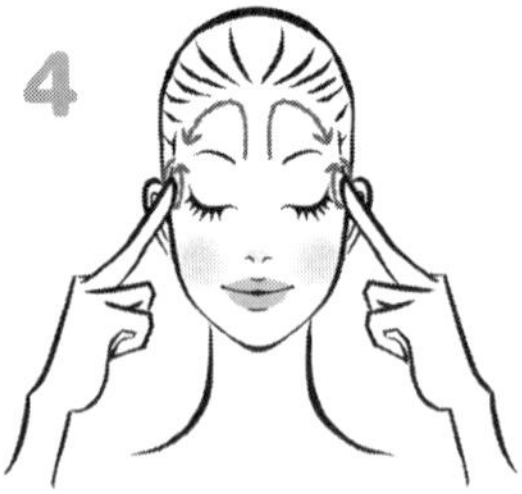

眉頭に戻り、おでこをくるっとまわって、こめかみをくるくるとほぐします。

5

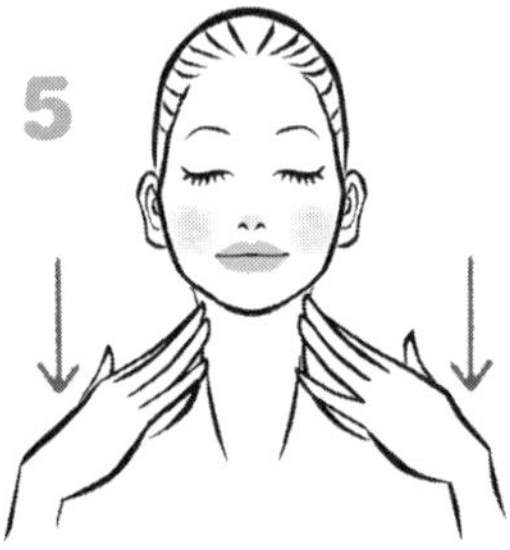

耳の手前をくるくるとほぐし、最後に胸鎖乳突筋を上から下になでるようにマッサージします。

35 目が老けないように目の疲れに気をつけています

口元のたるみ、頬のたるみ、輪郭のゆるみは確実に見た目年齢を上げますが、目元のたるみや小じわ、クマ、落ちくぼみなども、女を老けて見せる元凶。

上まぶたがたるむと、目が大きく開けにくく実際の目より小さく見えてしまうという大問題もありますし、たるまなくてもコラーゲンがしぼんだ感じで目が落ちくぼむこともあります。目の下のクマが、年齢とともに深いたるみのような感じで目立ってくる場合もあります。

目元の老化は、目の疲れがあると、よけいに早く進む傾向にあると思います。私は、口元や頬のたるみ、輪郭のたるみは、エクササイズの成果が出ているのか、ほとんどないのですが、目に関しては、若い頃から疲れが表に出やすいのでとくに注意しています。

私は子どもの頃からド近眼。日中はずっとソフトコンタクトレンズをしているため、目に負担がかかっています。そのうえ、執筆やコスメの仕事ではパソコンを使うので、目をいつも酷使しています。さらに、子どもが寝たあとの夜中のほうが仕事が進むため、夜更かしをすることもしばしば。しかも、どちらかというと目が大きく、少し出ているため、目元のダメージが目立ちやすいという問題もあります。

そこで私が実践しているのは、まず目にいい栄養素の補給です。網膜の30～60％はDHAなので、いわし油のサプリメント「AOZA」（62ページ）でDHAを不足なくとるようにしています。フラックスオイルもとっているので、体内でDHAに変換もされているはずです。

もうひとつ注目しているのは、ルテインというカロテノイド系色素です。目にも紫外線や環境汚染などの影響で活性酸素が発生するのですが、ルテインをとっておくと、網膜と水晶体に蓄積されて、目を活性酸素から守ってくれるのです。この働きは強力で、視力低下や眼精疲労、白内障の予防などにもよいことがわかっています。

ルテインはほうれん草にダントツに多いので、疲れ目にはとにかくほうれん草！1日6㎎以上で効果がありますが、ほうれん草ならわずか3分の1束でOK。ルテインは油に溶けやすいので、おひたしより油炒めがいいようです。ブロッコリー、サニーレタス、グリーンピース、芽キャベツ、かぼちゃなどにも多いのですが、含有量が全然違うので、やはりほうれん草が一番です。

とはいえ、ほうれん草ばかり毎日食べるわけにもいかないので、マリーゴールドの花から採取されたルテインのサプリメントをとる日もあります。

その他、ブルーベリーやカシスに多いアントシアニンという色素も、目の疲労によいのはたしか。砂糖を使わないカシスジャムやブルーベリージャムで、気軽に食べています。

また目に関係の深いビタミンには、ビタミンA・B_1・B_2・Cがありますが、とくにビタミンCは眼球に一番多いビタミンで、欠乏すると白内障や飛蚊《ひぶん》症になりやすくなります。ビタミンAはドライアイに効果的。にんじんなどのベータカロチンで補います。また、B_1、B_2は、うなぎや豆類でとります。

目のためには、パソコンを見る時間を減らすのが一番。仕事では仕方ないとしても、プライベートではパソコンに向かう時間をできるだけ減らしたいものです。

その他、夜にクリームや美容液を塗るときは、次ページのような流れで塗って、リンパの流れをよくしていきます。また週末には目のツボ押しをすることもあり、これも疲れ目に効果テキメンです。

クリームや美容液をつける方向

矢印の方向へ流すようにつけると、リンパの流れがよくなります。

目のツボ押し

両手の中指で、「痛いけど気持ちいい」くらいの強さで、5秒くらいじんわり押します。

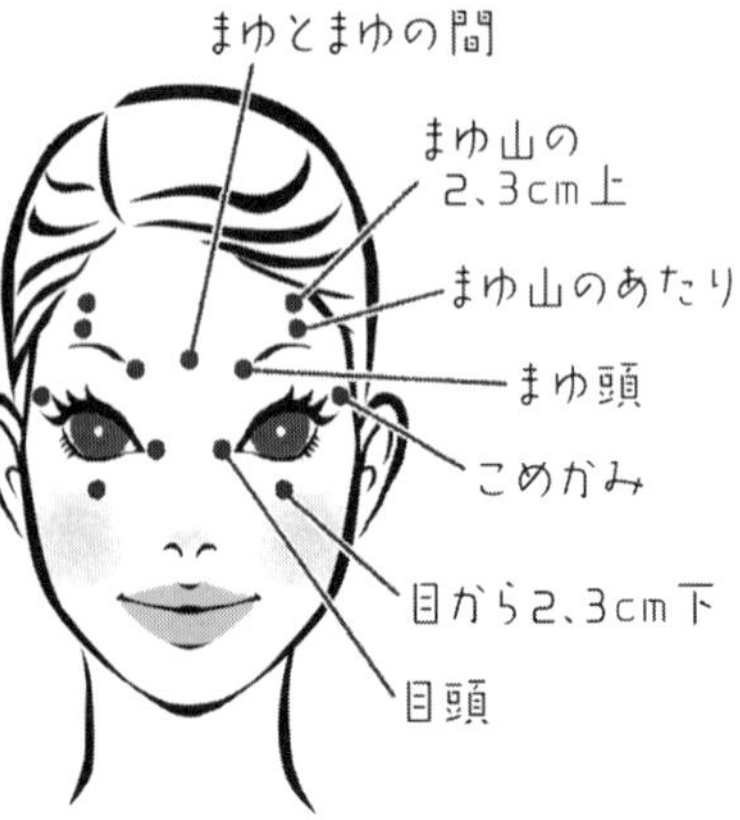

36 髪から老けないための習慣①
アミノ酸を補う

133ページで、見た目年齢が上がるポイント第2位にあげた「髪にコシやツヤがなくなる」問題。これ、意外な盲点だと思います。顔は化粧でなんとかごまかせても、髪の元気のなさやボリュームのなさは、なかなかごまかすことができないのです。

髪は、皮膚や爪と同じ「ケラチン」というたんぱく質でできています。肌はコラーゲンが主成分と思いがちですが、それは真皮の話で、一番外側の角質層はほとんどがケラチンでできています。髪の毛と爪は、表皮の角質層が変化してできたものなので、髪や爪を見ると今の肌の状態もわかってしまいます。

髪の99%を占めるケラチンは18種類のアミノ酸でできていますが、もっとも多いのはシステインとグルタミン酸。システインは髪の弾力に関係していますが、目の角膜の主成分なので、目を酷使する方は、角膜の修復のほうに体内のシステインが使われてしまい、髪に栄養がいきわたらなくなります。

そう、髪は命に直接関係ないところなので、いつも一番後回しにされるんです。そのため、栄養不足や老化はまず髪にあらわれます。

逆にいうと、髪が元気ならば、体全部が若々しく元気だということ。髪や爪は若さのバロメーターなんですね。髪に元気がない人は、目を休ませるのもひとつの作戦です。

アミノ酸は必要な原料すべてがそろわないと、体内でたんぱく質になれません。髪の場合も、18種類のうちひとつが欠けてもダメ。

だからといって、1章でも書きましたが、「アミノ酸なら絶対に肉か魚!」というわけでもなく、たとえばシスティンはご飯や大豆でも補えますし、意外なところで干ししいたけ、ひじき、アボカド、ほうれん草、にんにく、たけのこ、カシューナッツなどにも多く含まれています。また、髪のタンパク質ケラチンの生成を助けるのはシリカというミネラルです(38ページ)。

白髪も気になりはじめますね。

白髪と関係しているのは、チロシンというアミノ酸です。黒髪をつくり出すメラニン色素は、地肌の中にある毛根の先の色素細胞で、チロシンからつくられます。チロシンは、きな粉、焼き麩、ごま、ココア、カシューナッツ、アーモンド、みそ、干ししいたけなどに多く含まれています。

ほかに、ビオチンというビタミンも、欠乏すると白髪になりやすいといわれていますし、便秘などをせず、ビオチンは大豆を発酵させた発酵食品やナッツなどに含まれています。腸内の状態がよければ腸内細菌でも合成されます。髪を黒くするときに使われるのは銅で、たこ、いか、するめ、カシューナッツなどに多いです。

白髪は、髪の色素細胞でメラニン色素がつくられなくなることが原因。遺伝も大きいですが、ストレスや疲労によっても増えてしまうので、注意したいですね。

また、アミノ酸のつなぎ目にはコラーゲンとビタミンCが使われていますので、こちらも大事。とくにコラーゲンは髪の製造工場がある真皮の部分の主成分でもあり、真皮のコラーゲンが足りていないと、髪にも影響が出るといわれています。

私はたんぱく質が少なめだった日は、「マリンコラーゲンパウダー」（132ページ）を100gくらい豆乳に入れて飲んでいます。コラーゲン由来のアミノ酸のトリペプチドが体内に入ってくると、真皮に「コラーゲンをつくれ！」という指令が送られるそうです。

37 髪から老けないための習慣①
頭皮とキューティクルを守る

髪の成長には女性ホルモンがかかわっているので、髪の寿命は、男性では2～5年、女性はちょっと長くて4～6年。髪は寿命が終わったものを中心に、1日に30～100本くらい抜けていき、健康な頭皮の場合は、抜けた部分からすぐに産毛が生えてきます。これが生えてくる毛より、抜けていくほうが多いと薄毛になります。

薄毛にならないためにも髪の成長のためにも、毛根の先の髪の製造工場にたくさん血液が必要ですので、地肌の血行をよくしてあげることも大切。

私は週に一度、シャンプーの前にクレイジェルを地肌にのばして頭皮クレンジングをしますが、そのときに頭皮を強めにマッサージして血流を促進しています。

なぜ頭皮クレンジングを行なうかというと、頭皮は、体の中でもっとも皮脂腺が多く、なんと顔のTゾーンの2倍以上もあるからです。酸化した皮脂が毛穴に詰まると、毛根の血行が悪くなり、抜け毛が増えてしまいます。ただでさえ皮脂が多い男性に薄毛が多いのは、こういう理由もあるのです。

髪のツヤには、有名なキューティクルが関係しています。巻きずしでいうと外側の「のり」のような感じでキューティクルが髪を守っているので、これがはがれてしまうと、髪が乾燥してバサバサになってきます。

パーマやカラーリングがなぜ髪を傷めるかというと、強アルカリ性のため、キューティクルのたんぱく質が壊されてしまうから。私は毛染めには、インドハーブのヘナとインディゴのブレンド「ナチュラリスト・ヘナ」のソフトブラックを使っています。

また、ぬれた髪はキューティクルがはがれやすくなっているので、ぬれた状態でのブラッシングは避け、こすらないようにタオルドライしたあとは、自然乾燥ではなく、ドライヤーですぐに乾かしたほうがツヤを保てます。

その際気をつけたいのは、必ず髪の根元から乾かすこと。毛先は根元の4倍くらい乾燥しやすいので、根元が乾いていれば、ほかはそんなに必死にならなくても大丈夫。

自然乾燥はキューティクルが長時間開きっぱなしになるので最悪ですが、ドライヤーも高熱のため髪のたんぱく質にはよくないので、近づけすぎず、時間をかけず、さっさと乾かす！　これが鉄則です。

ほとんどのシャンプーやリンスに入っているシリコーン系合成ポリマーは、洗い流しても髪の毛にまとわりついて、表面をビニールのようにツルツルにします。このためニセのツヤ感は出るのですが、本格的にバサバサに傷んだ髪にはくっつきにくいという皮肉な性質もあります。

リンスやコンディショナーに入っているならまだしも、シャンプーにも入っているから困ったもの。百歩譲って、シリコーンはニセのツヤ感のために仕上げに毛先だけに使うのはよしとしても、シャンプーで頭皮を洗ったりすると毛穴の中までシリコーンでコーティングされてしまうからです。

頭皮クレンジングをしても、シリコーンはとても落ちにくいのです。近年、女性にまで薄毛が増えてきたのには、このことも大きいのではないかと私はひそかに思っています。

そういう意味では、シャンプーだけでもノンシリコーンタイプを選びたいですね。できれば､頭皮のバリアを壊さない､合成界面活性剤の入っていない石けんシャンプーがいいと思います。ただ石けんは、頭皮にはやさしくても、アルカリ性のためキューティクルにはよくないので、私は使うときはよく泡立てて、頭皮にだけつけ、髪の毛にはその残りをうっすら使うようにしています。

38 心と脳と美容に効く首のケアは欠かしません

首は「顔を置く台」。タートルネックでない限り、ほとんど顔とペアで表に出ています。しかもノーメークで。お顔のケアと同じように、ぜひ首のケアも行なっていきたいものです。

1章でも書きましたが、私は28歳のときにパニック障害になり、最終的にカイロプラクティックの上部頸椎《けいつい》の矯正で完治しました。

背骨は脳と内臓をつなぐ脊髄《せきずい》の入れ物であるとともに、全身の運動神経、感覚神経、自律神経の出入り口でもあります。骨のゆがみによってこの神経の出入り口が狭くなり、少しの圧迫が加わることで、神経の機能低下が起きることがあります。とくに首の骨の上部は、自律神経の副交感神経に大きな影響を与えます。この骨のゆがみにより、私の場合は交感神経優位となって、理由のない不安感に襲われてしまったのです。

首のゆがみが取れると、気持ちがすっかり楽になりました。完治した今も、首が硬くなってくるとリラックスしにくくなるので、首ケアは怠らないようにしています。

そもそも首には、心臓からの酸素の多い新鮮な血液の通り道があるため、首の筋肉が硬くなっていると、顔や脳に血液が行きにくくなります。

顔をいくらマッサージしても首がガチガチに固まっていると、顔に栄養が行きませんし、真皮もコラーゲンをつくり出せません。肌は内側からしぼみ、クマも濃くなって顔色も悪くなってしまいます。また脳の血流も悪くなるので、脳の働きも鈍ります。

さらに、顔の老廃物を排出するリンパ液は、最終的には首を通って、鎖骨の下の静脈に流れ着きますが、首の筋肉が凝っていると、リンパ管を圧迫するのでリンパ液の流れも悪くなり、顔がむくんだり肌荒れすることもあります。

首のケアは、心にも美容にも脳にも大きく影響するのですね！　私は血流をよくするために、次ページの首のマッサージをずっと続けているのですが、これが首のシワを予防することにもつながっていると気づきました。一石四鳥ですね。


マッサージだけでなく、首のカーブを改善する努力もしています。

人間の首は17㎝の半円カーブを描いているのが正常で、カーブがあるからこそ重さを分散し、ボウリングの玉のように重い頭部を支えていられるのです。それがパソコ

首のマッサージ

1

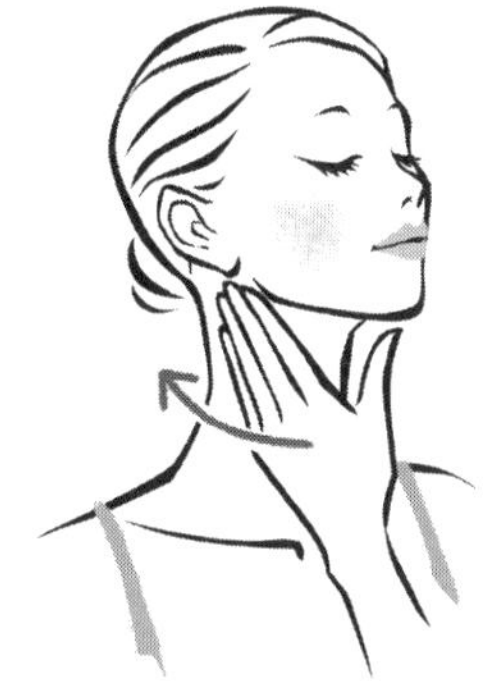

手の指をそろえてあごの下にあて、あごのラインにそって耳の下まで手をすべらせます。手を替えて反対側も行ないます。

2

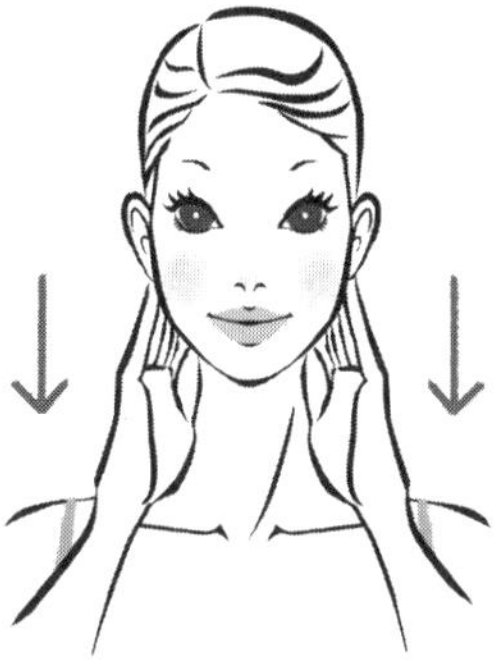

両耳の下に両手の４本指をそろえておき、鎖骨の下までやさしくなでおろします。

3

右手で左首の胸鎖乳突筋をやさしくつかみ、肩のラインにそってやさしくなで下ろします。手を替えて反対側も行ないます。

4

鎖骨の端を４本の指で強く押し、その後力を抜いて、鎖骨の上を通って真ん中まで指をやさしく滑らせます。手を替えて反対側も行ないます。

ンの普及などにより、前かがみの姿勢が増えたせいか、現在、多くの人がこの正常カーブを失っています。施術をしていても、カーブを失ってストレートネック気味な方がとても多く、じつは私もそのひとり。

これを少しでも改善するために、理想の半円カーブを復活させる「肩楽ピロー」という半円枕をつくり、この枕に仰向きで毎日15分寝るようにしています。

その他、気をつけているのは、パソコンのモニターを顔と同じくらいの高さにするということ。低すぎると前かがみになるし、高すぎると目の筋肉を疲れさせます。目の高さより低い場合は、本などを下において少し上げるようにしましょう。

首のためによくないのはノートパソコン。ノートパソコンのモニターを顔の高さに上げると、手の位置が高くなりすぎて打ちにくいし肩もこるため、手の位置に合わせて使うことになります。このためモニターの位置は低くなり、前傾姿勢になってしまいます。

外出時にたまに使うならいざ知らず、会社などで8時間もノートパソコンというのは、首のためにも肩のためにも悲劇です。会社でノートパソコンを使っている方は、キーボードとマウスは別売りのものを買ってUSBでつなぎ、ノートパソコンを立てて使えるスタンドを利用して、モニターを顔の高さに上げるのがベストだと思います。

39 トイレのあとにはスロースクワット

ナチュラル・アンチエイジングの大切な3本柱、それは食事とスキンケア、そして「運動」です。

筋肉の量は努力しない限り、加齢とともにどんどん減っていきます。一番の原因は筋肉をつくる成長ホルモンの分泌量が減るためです。成長ホルモンの分泌は15歳がピーク。20歳頃からだんだんと減っていき、50歳では20歳の半分くらいしか出ないのです。

成長ホルモンは「若返りホルモン」ともいわれ、筋肉や骨が成長を終えたあとも分泌されて、代謝や肌の水分量の増加、肌のハリに関連します。肌の水分量は赤ちゃんのときがピークで、40代では半分に、60代ではなんとそのまた半分になるそう！

この成長ホルモンを増やすことができれば、筋肉量も筋力もアップし、骨も丈夫になり、見た目も引き締まって肌の水分量が上がり、シワの少ないプルプル肌も夢ではありません。

成長ホルモンの分泌をうながすには、激しいスポーツではなく、スロースクワットなどのゆっくりとした筋肉トレーニングがよいようです。トレーニングによる疲労で、筋肉の中に乳酸や一酸化窒素が蓄積するのですが、これが脳下垂体を刺激して成長ホルモンが分泌されるのです。

運動にはもうひとつ、アンチエイジング的に見逃せないメリットがあります。長寿にかかわる「ＡＭＰＫ」という遺伝子のスイッチが、運動で筋肉が収縮することでＯＮになることがわかったのです。これもまた、激しい運動ではなく、日常的にできる軽めの運動を続けることが大切だそうです。

成長ホルモンやＡＭＰＫを抜きにしても、運動をしてエネルギーを消費することによって、細胞にいるミトコンドリアを活性化することができます。ミトコンドリアを活性化して増やすことは、若返りにつながるようです。

ミトコンドリアは、細胞の中で食べ物による栄養と酸素を使ってエネルギーをつくり出す仕事をしているのですが、運動不足になると数が減り、質が悪くなるそうです。自然治癒力も免疫力も、活性酸素をやっつけるＳＯＤ酵素の合成も、ＤＮＡを修復する酵素の働きも、すべてミトコンドリアがつくるエネルギーなしには成り立ちません。

ミトコンドリアが増えると、代謝がよくなって質のよいミトコンドリアが増え、いつまでも若々しい体でいられるのです。

ミトコンドリアは、筋肉の中では背中と太ももの筋肉に一番たくさん含まれているそうで、ここを鍛えるとミトコンドリアも増えていきます。ミトコンドリアの量が減ったり、質が悪くなるのは老化の元凶なので、代謝を上げるためにもアンチエイジングのためにも、背中や太ももの筋肉の衰えは、なんとしても避けたいところですね。

私は正直、運動があまり得意ではありません。スポーツはしないですし、ジョギングやジム通いも全然長続きしません。そんな私が続けているのが、「スロースクワット」です。

自宅で仕事をすることが多いので、トイレに行ったあとと決めて、スクワットをゆっくり10回することにしています。トイレに行く回数×10回なので、トータルでかなりの回数になります。

もうひとつは、わざわざするわけではないのですが、ひとりで外を歩くときは、1．5倍速で歩くようにしています。ときどき小走りを入れると、さらに効果的。

どちらも、わざわざしようとすると長続きしないのですが、ついでに行なうのがいいみたいです。

スロースクワット

1

足を肩幅に開いて、背筋を伸ばして立ちます。

2

5秒かけて、息を吸いながらゆっくりとひざを90度まで曲げます。

3

また 5秒かけて息を吐きながら、ゆっくりと元に戻します。これを10回くり返します。

40 正しい姿勢でキュッとくびれ腰に！

ウエストのくびれは、女性のボディにおける若さの象徴です。

コカコーラの瓶が女性の腰のくびれをモデルにつくられたことは有名ですが、「ウエストがくびれている＝恋愛の対象」と思うのは、太古から刻まれた人間の本能だそうです。要するに、「お腹が出ていない＝妊娠していない＝生殖の可能性」ってことみたいです（笑）。

そういう男性目線でなくても、腹筋が弱くなったぽっこりお腹やずんどうでは、洋服も似合わないし、自分でも嫌になってしまいますよね。

見た目も大事ですが、女性にとって腰や骨盤は、子宮と卵巣がある大切な場所。栄養を吸収する小腸、便を形づくり不要物を排出してくれる大腸なども集中しています。腰骨や骨盤から出ている神経の束も、子宮や卵巣や腸をつかさどっている神経なので、骨や骨盤のゆがみは内臓の働きにまで影響をおよぼしている場合も多いのです。

骨盤の仙骨という部分があるのですが、そこから出ている神経はリラックスにかかわる副交感神経繊維を含んでいて、私は今まで数人の患者さんで、仙骨のゆがみを矯正することで、不眠症とパニック障害に目覚ましい効果をあげたことがあります。そう、骨盤のゆがみは、ときに心にも影響を与えることがあるのです。

人間は二本足歩行ですが、これは進化の過程で獲得した歩き方。重力のことを考えれば、本当は四本足歩行のほうが楽なんです。そのためボウリングの玉くらい重い頭を支える細い首と、それを含めた上半身の重みがすべて加わる腰には、物理的にどうしても負担がかかっています。

しかも胸には肋骨《ろっこつ》ががっしりありますが、腰にはなく、腰椎《ようつい》と筋肉だけで支えているので、なおさら弱い部分です。

ヒールの高い靴をはく女性は、ほとんどが反り腰です。ハイヒールの靴をはくと、当たり前ですが、骨盤は前のめりになりますよね？　これではバランスが取れないので、腰を反って上半身の位置を後ろに持っていこうとしてしまうのです。

反り腰は姿勢がいいように見える場合もありますが、よく見ると腹筋を使わないのでお腹がポッコリ。お尻の筋肉も使わないのでたれやすく、太ももの前側の筋肉ばかり使うのでカチカチに緊張していて、リンパの流れも悪くなっています。

ヒールの高い靴は人間の生理に反していますので、私はなるべくはかないようにしていますし、みなさんもはくのはときどきにしてほしいなーと思ってしまいます。

椅子に座っているときに腰にかかる重量は、平均体重の女性で150kgくらいといわれています。そこから前傾姿勢になればなるほど、腰にかかる重量は重くなります。会社の椅子で、前傾姿勢でパソコンを見ている方は、腰に170kgもの負担を与えているということになりますね。

上半身はまっすぐ、腰は反りすぎず、背中を丸めず椅子の座面に対して、骨盤が90℃になるように立てて座るのがよい座り方です。

このとき足を組んだり、体を横に傾けて座ったりすると、背骨の側弯《そくわん》（背骨が左右に曲がる病気）が起きます。座り方が悪いと、骨盤のゆがみや背骨の側弯が起きやすく、気がつくとウエストの位置が左右違っていることもあるので、気をつけたいものです。

最後に、健康的なくびれ腰を目指して、私が腰とウエストのためにときどき行なっている筋トレと体操をご紹介したいと思います。

腰の筋肉を強くする筋トレ

1

うつぶせになって手足を伸ばします。

2

右腕と左足を上げて３秒キープし、おろして脱力。

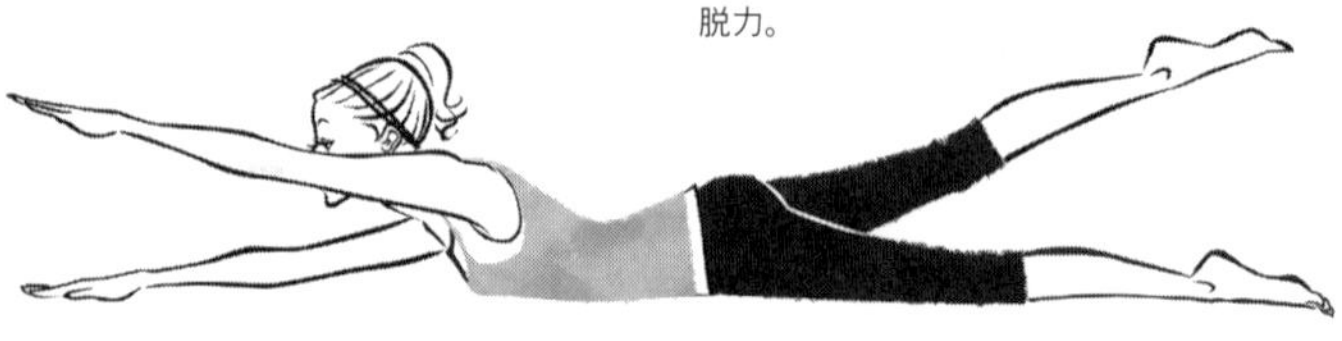

3

左腕と右足を上げて３秒キープし、おろして脱力。これを5〜10回くり返します。

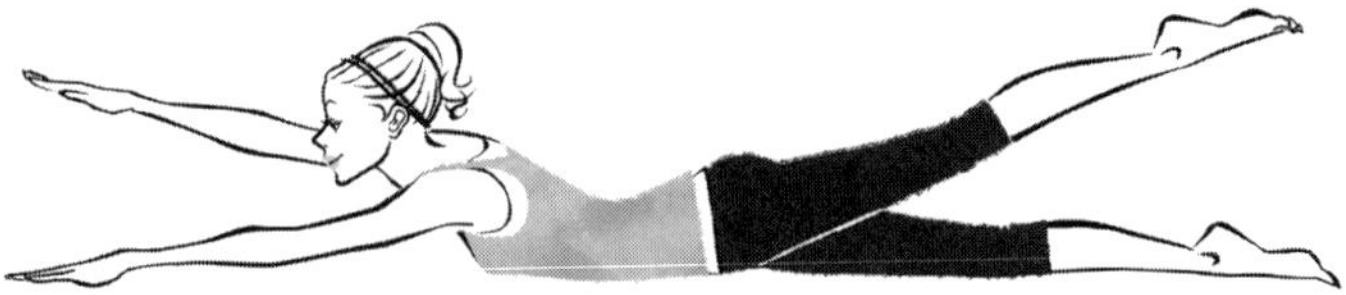

腰のくびれに効くお尻歩き体操

1

床に座って足を伸ばします。

2

手はグーにしてひじを曲げます。右ひじをできるだけ前に出して、右のお尻で1歩進みます。

3

次に、左ひじをできるだけ前に出して、左のお尻で1歩進みます。これを交互にくり返し、行けるところまで行きましょう。お尻でランニングしているような感じです。無理はしないでくださいね。

41 歩き方に気をつけてヒップアップに励んでいます

お尻がたれてくるのも、年を取ると気になるところです。重力ってすごい！　と思いますね。胸が大きい人はたれやすいといいますが、お尻が大きい人もまたたれやすいようです。

私は若い頃から尻だけは立派だったので、どうもいけません（笑）。

で、これまたまずいことに、お尻は自分では見えないんですね。顔や髪、お腹や脚は目につくので、「やばい！」と思ったらすぐにケアできるのですが、お尻だけはうっかりしていると、どんどんたれて、気がついたときには大変な事態になっていることも多いのです。

しかし、重力は同じだけ働いているのに、欧米人にはお尻がたれている人が少ないと思いませんか？　とくにブラジル人の女性には、美しいヒップの方が多いと思います。

ブラジルでは、水着は基本的にTバックしか売っていないと聞いたこともあります。日本でもTバックしか売っていない事態になったら、みんな顔の手入れと同じように、ヒップの手入れも頑張るかもしれませんね（笑）。

日本女性はフェイス用化粧品にはお金をかけますが、ボディ用にはあまりお金をかけない傾向にあります。「体にそんなクリームを使うのはもったいない」という意識があるようですが、欧米ではボディケアもフェイスに負けないくらい、みなさん大切にしています。

ただ、日本の女性に美尻が少ないのは、それだけが理由ではありません。もともと「骨盤と股関節が横に広がっている」という骨格のせいも大きいのです。

これは日本人が、畳の生活で床に座ったり、しゃがんで掃除や洗濯をしてきたという生活様式によって得た遺伝的な骨格。椅子で暮らす人が増えた現代では、10代や20代を中心にあきらかに骨格が変わってきているようです。美しいお尻や脚のためには、欧米式に椅子とテーブルの生活にしたほうがいいのは間違いありません。

もうひとつは、日本女性の歩き方のまずさです。

欧米人は、背筋を伸ばして、足を前に出すときにきちんと膝が伸びていて、かかとから着地するリズミカルな歩き方をする方が多いです。それに比べて日本人は、背中を丸めたやや前かがみの上半身で、膝が曲がったまま膝から下だけを動かし、チョコチョコとすり足気味で、のっぺりと足を着地している方が多いのです。

この歩き方の最大の欠点は、お尻の筋肉をほとんど使わないこと。加えて、股関節を支える大腰筋が衰えてしまうことも問題です。股関節は左右の骨盤のくぼみに、足の骨がはまりこむ構造をしていますが、この部分が外側に出っ張り、骨盤が広がってカッコ悪い四角尻になっている方もいます。

歩き方は一生ついてまわります。正しい歩き方なら、歩いているだけでお尻が鍛えられるのですから、ヒップアップも簡単です。

私が日常生活で意識している、美尻になる習慣とヒップアップトレーニングについて書いておきましょう。

【日常生活でできる美尻になる習慣】

●歩くとき、かかとから着地する

●肩を左右に軽く開いて背筋を伸ばし（反り腰にならない）、お尻を意識して歩く

●電車の中などで立っているとき、歯磨きや洗い物をしているときに、お尻の穴をすぼめるようにして、お尻に力を入れる

ヒップアップトレーニング

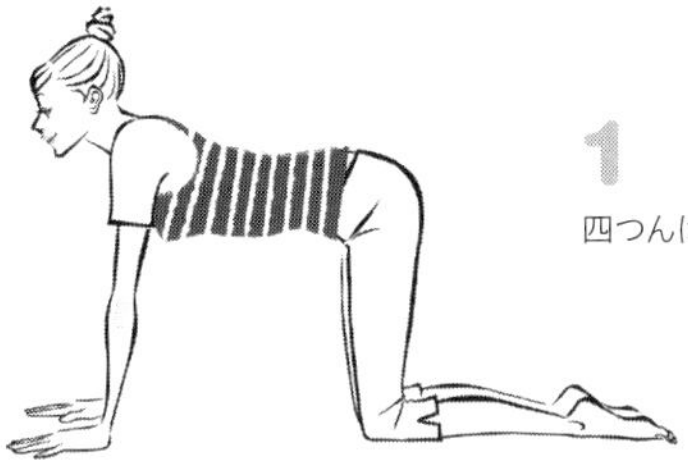

1

四つんばいになります。

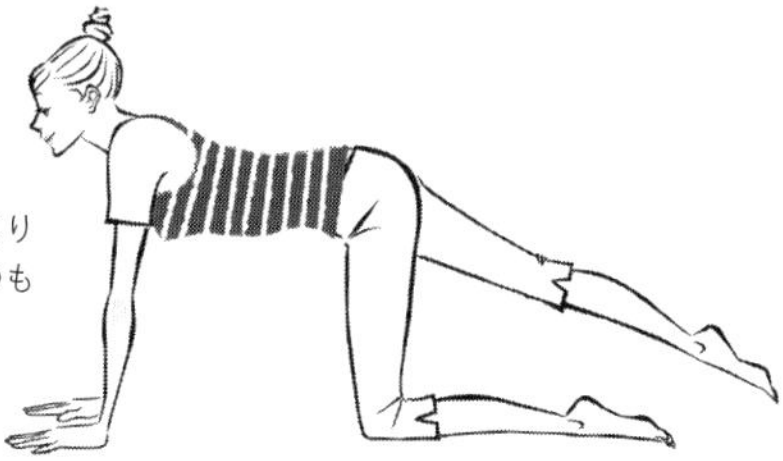

2

ひざを伸ばして、片足をゆっくり上に上げます。お尻で上げるつもりで。

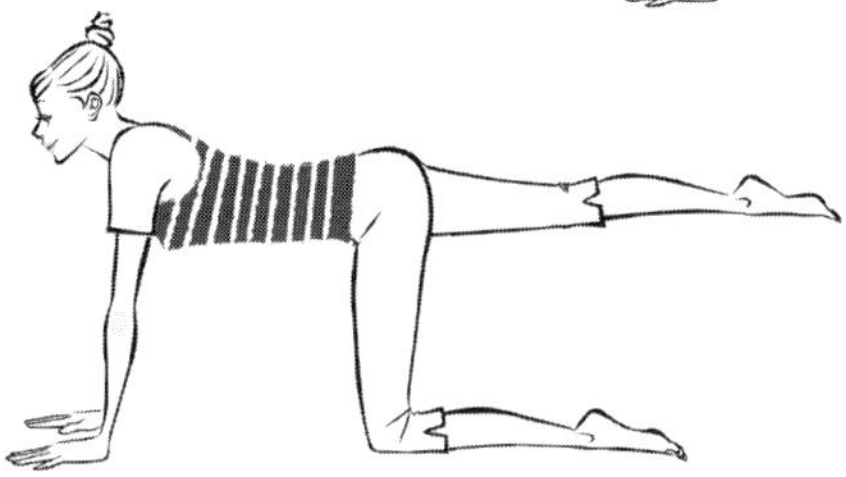

3

体と一直線になるところまで上げたら止めて、5秒キープ。その後ゆっくりもとに戻します。

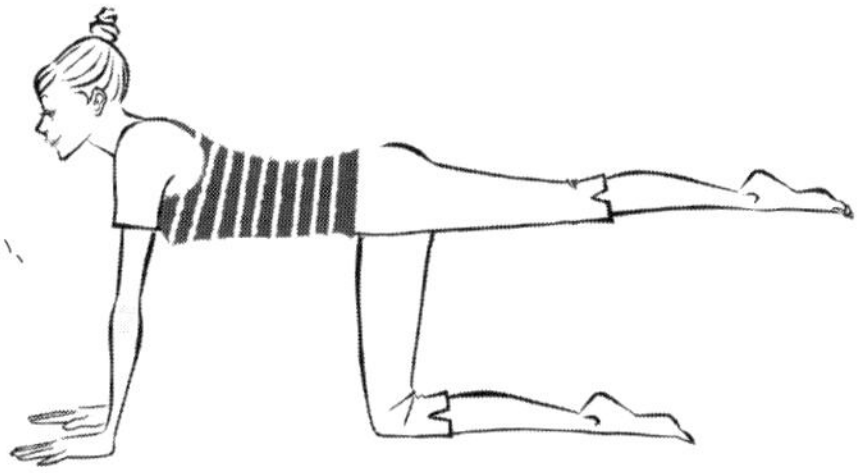

4

反対側の足も同じように行ない、これを10〜20回くり返します。

●エスカレーターをやめて階段にする。上りのときはお尻の筋肉に力を入れる
●寝る前、仰向けの姿勢のまま膝を少し立てて曲げ、お尻を上に何回か持ち上げる

2年ほど前、私は「MBT」という靴に出合いました。

MBTは「マサイ族が素足で草むらを歩くように歩ける」がコンセプトの靴。底が船底のようになっていて、まっすぐに立ってもユラユラするため、お尻とハムストリングスの筋肉を使わないといけない構造になっています。

おまけに、かかとが削れているので、歩くとき、絶対にかかとから着地するバランスになっているので膝が伸びます。ヒールのある靴とは正反対のバランスですね。ヒールがないどころか、かかとが削れているのですから。

ふだんの靴をMBTに替えただけで、私は歩くのがとても楽になりました。おまけに、かかと着地もお尻の筋肉を使うことも、意識しなくても勝手にできてしまいます。そして別の靴をはいても、この歩き方しかできなくなるほどになりました。

今では、夏用のサンダル、中間の季節の革靴、冬用のロングブーツと、3足もMBTの靴を持っていて、患者さんにもおすすめしています。

4章

NATURAL ANTIAGEING

ちょっとのことで美人度が増す「ライフスタイル」の習慣

42 よい睡眠のための習慣①
セロトニンとメラトニンを分泌

第3章で、若返りホルモンとも呼ばれる成長ホルモンについて書きました。成長ホルモンはたしかに運動によってもう分泌されますが、じつはその7割は睡眠中に分泌されます。

人は眠っているとき、深い眠りのノンレム睡眠と浅い眠りのレム睡眠をくり返します。眠り始めの3時間は深ーいノンレム睡眠、そのあとは約90分周期でレム、ノンレムをくり返し、だんだんと眠りが浅くなって目が覚めます。成長ホルモンのほとんどは、この最初の3時間のノンレム睡眠のときに出ているそうです。

寝る子は育つというのは本当ですね。わが家の7歳の息子を見ていても、たしかに深く眠ります。そして、翌朝は前日より大きくなっていると感じるときも。成長ホルモンが40代の私の倍も出ているわけなので、うらやましいなあと思います。

頑張っても子どもにはかないませんが、成長ホルモンが増えるとコラーゲンやケラチンが生成され、肌の水分量も上がるし、傷ついた細胞も修復するので、負けてはいられません！

最初の3時間をいかに熟睡するか、どれだけ質のよい睡眠がとれるかで、成長ホルモンの分泌に差が出るからです。

まず、深いノンレム睡眠のために大切なのは、昼間のうちに、セロトニンという神経伝達物質を十分に分泌させておくこと。セロトニンを原料に、メラトニンという眠りを誘って睡眠の質をよくするホルモンがつくられます。

時間でいうと、朝6時から夕方6時までがセロトニン分泌タイム、夕方6時から翌朝6時までがメラトニン分泌タイムです。メラトニンの分泌は午前0～2時くらいがピーク。朝に近づくほど分泌が減るため、同じように7時間寝ても、0時に寝るのと夜中の3時に寝るのとですっきり感が違うのは、このせいもあると思います。

メラトニンやセロトニンは、不眠症やうつ病のほか、体温調節にもかかわっているため、足りなくなると低体温や冷え性、便秘になりやすかったり、基礎代謝が下がって脂肪がつきやすくなったりします。無意識に甘いものを死ぬほど食べたくなったりもするので、要注意です。

まず、セロトニン分泌のスイッチを入れるのは朝の太陽ですから、起きたらすぐカーテンを開けて、太陽の光を浴びます。

できたら、そのまま少しウォーキングをするといいですね。腹筋の収縮をともなう一定のリズムの運動は、セロトニンを増やします。ウォーキング、スクワット、自転車をこぐ、歌を歌う、ガムをかむ、深呼吸などは効果が高いです。歌を歌うときは、口先だけでは効果半減。お腹の底から声を出して。

リズム運動のあと約2時間は、セロトニンの血中濃度が増えます。毎日続けているとセロトニンの感受性が高まり、より分泌しやすくなるそうで、1日30分を毎日行なうのが効果的だとか。ウォーキングも15分後からセロトニンが出始めるようです。

また、深い深呼吸を20分以上すると、セロトニンの分泌が2割増えることもわかっています。

光を浴びることでセロトニン分泌のスイッチが入るとしたら、メラトニンは光の量が減ってくると分泌し始めます。

夕方以降暗くなってくると分泌量が増え、夜になるとさらに増えて、午前2時頃にピークに達します。そういう意味では、寝る2、3時間前から部屋の照明を暗めにして、テレビやパソコンは見ないほうがいいのです。

また、メラトニンは朝、太陽の光を浴びてから15時間たたないと分泌されないので、早く寝たければ早く起きて太陽を浴びること。

それでも寝つきが悪い、熟睡できないというときには、私は、セロトニンの原料である、かつお、高野豆腐、きな粉など、トリプトファンというアミノ酸の多い食品をとるようにしています。

ビタミンB_6も合成にかかわるので、バナナ、さつまいも、アーモンドなどもあわせていただきます。最強は、「5-HTP」というトリプトファンの前駆体のサプリメントですが、ただこれは本当に寝つきの悪い方向きですね。

睡眠中は消化活動が落ちますので、寝る前に食べると熟睡できません。食事はなるべく、寝る3時間前までにすませるようにしています。寝る2時間前の軽い有酸素運動は寝つきをよくしますから、158ページのスロースクワットなどをするのもいいですね。

寝る前の飲み物は、コーヒーや紅茶などのカフェインのあるものはやめて、カモミールティーなどにしています。ちなみに、お酒を寝る直前まで飲んでいると、ノンレム睡眠が浅くなるので、ナイトキャップはほどほどに。

43 よい睡眠のための習慣②
寝返りがうちやすい寝具を選ぶ

よい睡眠のために、もうひとつこだわっているのは、寝返りをうちやすい寝具です。

私たちは、一晩で20〜30回寝返りをうちます。寝返りは、血液やリンパ液などが体の下側に滞らないようにする大切な行為。寝返りのうちすぎは睡眠が浅い証拠ですが、20〜30回くらいはうたないと逆に健康に悪く、熟睡も妨げます。

寝返りがスムーズにうてるということは、よい睡眠のために欠かせないことなのです。

寝返りは、おもにレム睡眠のときにうつといわれています。最初の3時間のノンレム睡眠時に眠りが深いときは、ほとんど寝返りはうっていないでしょう。

体が疲れていて熟睡すると寝違えることがありますが、これも寝返りがきちんとうてていれば起こらないこと。逆に、ストレスで神経が興奮していると熟睡できず、寝返りをうちすぎています。

スムーズな寝返りのためには、ふわふわとやわらかすぎる敷布団は体が沈みこむので、よくありません。硬すぎるのもいけませんが、ある程度の硬さと弾力があるほうがいいのです。掛け布団は、軽くて動きを妨げないものがいいですね。

私は枕カバーとシーツは、シルクのものを愛用しています。シルクは肌のアミノ酸バランスとも近くて美肌効果もありますし、夏涼しく、冬暖かく、しかもすべりがいいので寝返りがスムーズにうてます。

今、体内にたまった静電気を抜くことによる健康効果にも注目しているのですが、睡眠時にアルミや銅を織りこんだシーツを敷くのも有効らしく、シルクのシーツの下にこうしたシーツをもう1枚敷いたりもしています。

問題は枕ですが、これは首のカーブと体の厚みによって違います。

首のカーブがストレート気味、体が薄い方は低めの枕、その逆は高めの枕がいいですが、横向きで寝ていることも多いので、あまり低すぎるのもよくありません。横向きに寝たときに、顔の中心線と床が平行になるくらいの高さが理想です。

理想の睡眠時間は人それぞれですが、日本の疫学調査では、よく眠れている人の平均睡眠時間は6時間半～7時間半、アメリカの調査では睡眠時間が7時間くらいの人が、それより短い人や長い人よりも長生きだという結果が出ています。

44 毎日使うから怖い日用品はこだわって選んでいます

人間の皮膚は、外側から何か成分を与えても、せいぜい角質層までしか吸収できません。それも油や油に溶けるもの、また分子量500以下の小さいものでないとまず無理。たとえばコラーゲンは分子量が30万、ヒアルロン酸は分子量が100万くらいですから、化粧品に配合しても、通常は表面にとどまって保湿を強化するのみです。でも、がっかりする必要はありません。本来、皮膚から何かを真皮や皮下組織に入れようとするのは、とても怖いこと。栄養分は、消化して微分子にし、小腸を通して血管に入れないと、アレルギーを起こすことが多いのです。

肌の奥に入れたいものは、口から食べ物として正式なルートで入れたほうがよいと思います。

くり返しになりますが、表皮には、脳にあるような神経伝達物質の受容体があって、神経伝達物質のギャバや精神安定剤を塗るだけで、皮膚の興奮がおさまってバリアが回復したりするそうです。表皮が単独でドーパミンやセロトニンなどの神経伝達物質を合成していることもわかっていますし、精神的ストレスを受けると、ストレスに打ち勝つためのホルモンを表皮が合成して放出するという研究発表もあります。

わずか0・2㎜の表皮に、思っている以上の能力や感受性がある！　そういうこともあって、私は、化粧品の有効成分は表皮にあれば十分と考えています。

ただし、精油は例外。精油は分子量が小さくて油に溶けるので、皮膚からも自然と体内に入りますが、アロマテラピーとして気体でも吸いこまれ、脳に作用します。バラの香りをかぐと肌のバリア機能が上がったり、ローズマリーやフランキンセンスの精油をうすめて皮膚に塗ると肌細胞が修復されたりと、面白い効果もいっぱいです。

表皮から吸収するといえば、合成界面活性剤で肌バリアがゆるんだところに、化粧品などの化学物質が真皮や皮下組織に入ることで起こる「経皮毒」と呼ばれる問題があります。

たとえば、ラウリル硫酸ナトリウムは分子量が289、プロピレングリコールは76、エデト酸塩は292というように、入ってほしくない化学物質は分子量が500以下のものが多くて、真皮まで浸透する場合があるのです。これらが原因で、化学物質過敏症やアレルギーになる方も増えています。

角質が厚い部分はバリアが強く、角質がうすい部分はとくに弱くてバリアを壊しやすいということを、覚えておきたいですね。目のまわりや唇、頬や首、頭皮やわきの下などは、バリアが壊れやすい場所です。逆に、足の裏などは角質が厚いので、まずバリアは壊れません。

それよりもっともっと成分を吸収しやすいところがあります。それは粘膜。中でも、日常的に化学物質の攻撃を受けやすいのは、口の中と生殖器です。生殖器は、たとえば腕の内側の皮膚と比べると、なんと42倍も経皮吸収されやすく、口の中は13倍だそうです。おまけに皮膚や粘膜は、お風呂などで体が温まると、吸収率がさらに10倍はねあがります。

こう考えると、一番怖いのは入浴剤、ボディソープ、シャンプー&リンスです。こういうものは粘膜に接するし、シャンプーはバリアの弱い頭皮に使うもので、しかも温まっています。歯磨き剤も、口の中に入るうえに、毎日使うものだから影響はとても大きいです。

経皮毒のことを考えると、これらは、分子量の小さい化学物質や合成界面活性剤が含まれていないものを使うのが安心だと思います。

そういう基準で選んでいる私の愛用品を、ここで少しご紹介しますね。活性酸素を処理する還元力があり、とても体が温まります。

入浴剤としては、ヒマラヤ岩塩を10年以上愛用しています。活性酸素を処理する還元力があり、とても体が温まります。

ボディソープは固形で無添加のもの、たとえば、生活の木の「シアバターソープ」とか「アレッポの石鹸」などを使っています。シャンプーはアンティアンティの「ローズシャンプー」、リンスはオーブリーオーガニクスの「GPBコンディショナー」を長く愛用しています。

歯磨き剤はオーラルケアのところにも書きますが、ヴェレダの「歯みがき（ハーブ）」など。

毎日使う洗濯用洗剤は、「万能粉石鹸えみな premium」という粉石鹸です。粉石鹸ですが、とてもよく落ちるうえ、なんと酸化還元電位が非常にマイナスで、活性酸素を消し去る力があるという不思議な洗剤。これで歯を磨くこともできますし、洗濯の水をお花にあげると花がイキイキしてくるという、ものすごい洗剤です。

皮脂汚れ、たんぱく汚れがひどいときは「セスキ炭酸ソーダ」を使います。重曹と炭酸ソーダの中間のような物質で、洗浄力がしっかりあるのに手荒れがしにくく、環境にもとてもやさしいのです。重曹よりも水に溶けやすいので、お洗濯に、キッチンやお部屋の掃除に幅広く使えます。

バリアがうすいわきの下に使う制汗剤は、メイドオブオーガニクスの「オーガニックDeロールオン」などのナチュラルなもの。有害な成分が入っていないうえに、さわやかな香りが長続きします。

お子さんがいる方は虫よけスプレーを使うと思うのですが、一般に売られているものは、ほとんどにディートという成分が入っているので気をつけてください。

これは第二次世界大戦中のアメリカ陸軍でのジャングル作戦で、兵士がマラリヤを媒介する蚊に刺されないようにと開発された薬で、ベトナム戦争、湾岸戦争などでも使用されたものです。帰還兵に、原因不明の疲労や記憶低下、関節痛などの症状が起こり、ディートはこの原因のひとつとして疑われています。長期にわたってくり返し使用すると、子どもの場合はけいれんや昏睡《こんすい》、濃度が濃い場合は脳障害の危険もあるそうです。

蚊が媒介する、命にかかわる感染症が発生している地域に行くなら仕方ないとしても、日本で使うなら、バジャーなどのブランドの、蚊が嫌がる精油の力を生かしたハーブスプレーが安心だと思います。

45 ちょっとした不調のときはナチュラルメディスンで

薬は自然治癒力をサポートするためのものですが、純粋な化学物質なので作用も強く、同時に副作用もあるのが欠点。薬は、急性で命にかかわるような感染症のときに活躍してもらうとして、ちょっとした不調のときには、私は「ナチュラルメディスン」、つまり「植物や食べ物の力を少しお借りする」というスタンスでいます。

たとえば「のどが痛いな」というときは、プロポリスのスプレーをのどにシュッとします。

プロポリスは蜂が巣を守るためにつくる天然の抗生物質ですが、私が使っている「ゆらぎ」のプロポリススプレーには、さらにペパーミント、レモンマートル、ユーカリ、ティートゥリー、クローブ、マヌカといった精油が入っていて、この精油の威力でパワーが増しています。どのぐらい増しているかというと、さまざまな菌を培養した実験で、ピロリ菌、大腸菌、緑膿《りょくのう》菌、ＭＲＳＡまで、5分程度で制菌してしまったそうです。

精油の力って、思っている以上にすごいようです。たとえば、エタノールにティートゥリーの精油を1・25％加えると、殺菌作用が10倍以上になります。エネルギーが高く効果が早い精油は、副作用も少ないので、生活の中にうまく取り入れていきたいですね。


話を戻しまして、「風邪かな」というときは、お茶にティースプーン1杯の「金時ショウガ末」と梅干しを入れて飲みます。金時ショウガ末には、ジンゲロールやショウガオールがふつうのしょうがの4～6倍含まれていて、飲むと血流がよくなって体が温まります。これでほとんどの風邪の威力は弱まります。

7歳の息子には金時ショウガ末は辛すぎて飲めないので、エルダーフラワーとエキナセアのハーブティーを飲ませます。エキナセアは、ウイルスが体内に侵入しようとするのを防ぎ、白血球を活性化させます。エルダーフラワーは、のどの粘膜からウイルスが侵入するのを防ぎ、せきもしずめてくれます。

風邪は、一部を除いて細菌ではなくウイルス感染なので、抗生物質は効きません。抗生物質を安易に使うことは、抗生物質耐性菌を蔓延《まんえん》させることにつながり、本当に必要なときに抗生物質が効かないことにもなりかねないので、避けたいところです。

のどが本格的に荒れてきたら、プロポリススプレーよりマヌカハニーをなめます。マヌカハニーは、ニュージーランド原産のマヌカの花から採取されたはちみつ。もうすっかり有名ですね。

どんなはちみつでも抗菌作用がありますが、マヌカハニーにはほかのはちみつにない抗菌成分があり、黄色ぶどう球菌やピロリ菌などにも効果が高いことで知られています。甘くておいしい、害のない天然抗生物質ですね。

はちみつには、表皮再生、コラーゲン合成、細胞増殖、抗酸化の効果もあるので、ほれこんでいるニュージーランドのマヌカハニーは、私のオーガニックコスメにも配合しています。ニュージーランドは、養蜂に抗生物質を使用することを法律で規制している唯一の国なので安心です。

さて、それでも万が一風邪に発展し、コホコホせきが出てきたら、エクレクティックク社の「ハーブチンキ・ヒソップ」を。せきにはれんこんのすりおろし汁なども効きますが、ヒソップもいいですよ。

夜寝るときにせきで苦しかったり鼻が詰まっている場合は、パーフェクトポーションの「ブリーズイージーバーム」を胸にのばします。ユーカリやペパーミントなどがせきをしずめ、鼻の通りもよくしてくれます。せきは体力を消耗しますから、できるだけ止めたいですよね。

わが家では、冬になると部屋の湿度に気をつけるようにしています。室温が低いと効果がないのですが、室温が20℃以上なら湿度を50％くらいにしておくと、ウイルスの生存率は4％にまで下がります。精油が使える加湿器に、ウイルスの膜を溶かすといわれるユーカリの精油などを入れて使うと、お肌の乾燥も防げて一石二鳥です。

ほかに、虫刺されのときにつけているのが、北海道で買った「ミントクリーム」。オーガニックではありませんが、国産で単純な安心レシピでかゆみが引きます。

また、息子のとびひなどの皮膚のトラブルのときに、何度も助けられたアポディアの「プロポリスバーム」。すぐに抗生物質に手を出さずに、まずはこれを塗って経過観察します。

にきびができたときには、「フィトエナジーミネラル」の原液を、綿棒でちょんちょんとつけるというのが私の裏ワザ。結構早く治ります。

46 精油の心地よい香りを大事にしています

私はオーガニックコスメの開発をしていますが、成分とともに「香り」も重視しています。

香料には、精油などの自然界の花や木などの香りをそのまま抽出した天然香料と、石油化学工業や石炭化学工業、パルプ工業などから大量に入手できる化合物から合成してつくられる合成香料の2種類があります。

合成香料も安全性は確認されていますが、中には変異原性（遺伝子の突然変異を起こさせる）が疑われるものもあります。天然ならなんでも安全というわけではありませんが、「合成香料ではアレルギーが出るけど、天然香料は大丈夫」という方は少なくありません。私自身、合成香料の香りでは気分が悪くなることが多いのですが、精油の香りは大好きです。

精油の香りは、常温なのに液体でもあり気体でもあるという、とてもエネルギーの高いものです。

さらに香りは、五感の中でも、脳の新皮質を通さず、脳の大脳辺縁系に直接伝わる特別な感覚です。大脳辺縁系は本能と結びついている場所なので、心にも大きくかかわります。

ラベンダーなどのよい香りの精油と、はき古した靴下に似た嫌な香りをかいで、α波の出方を測定した実験では、よい香りではα波が脳にあらわれてリラックスしますが、嫌な香りをかがせると、すぐα波が消えてしまったそうです。

ストレスを減らしてリラックスすることは、血流をよくし、活性酸素を減らすことになるので、アンチエイジング的にも欠かせませんね。

よい香りをかぐと肌のバリア機能にも影響があるそうなので、私は顔に塗る化粧品に配合する場合はとくに、精油による心地よい香りを大事にしています。精油には細胞活性や抗シワ作用のあるものも少なくないので、効能も得られます。

以前、あるハーバリストさんのラボにお邪魔して、香りがストレス軽減にどれくらい影響を与えるかという実験をしたことがあります。

ストレスがあると唾液のアミラーゼ量が増え、ストレスがないとふつうの量になるそうで、試験紙に唾液をしみこませて測ってみると、193KU/Lと出ました。「61KU/L以上だとかなりストレスがある」ということなので、193KU/Lは相当ひどいレベルでした。

その後すぐ、ハーバリストさんがつくった精油を使用した天然香水の中で、好きな香りをひとつだけ選んでかいで、再度アミラーゼを測ったところ、なんと23KU/Lにまで減っていたのです。23KU/Lは「ストレスがない」レベルだそうです。わずか数分の出来事で、香りの持つ効果のすごさを、あらためて思い知らされました。

余談ですが、女性はとくに香りに対する感性が高く、HLA（個人のにおいの違いを生み出すたんぱく質）を、においで識別できる能力が飛びぬけて高いそうです。遠く異なる遺伝子を持つ男女の間には、免疫遺伝子のバリエーションが豊富な免疫力の強い子どもが生まれるそうで、そのためか女性は、遠い異なる遺伝子を持つ男性のにおいを無意識に好ましいと感じるそうです。

一説によると、女性は男性のにおいをかぐと、数秒で遺伝子の分析を完了しているそうで、とくに排卵期はその能力が高くなるのだとか。顔や性格がタイプというわけでもないのに、なぜか好きになってしまったというときは、こういう力が働いたのかもしれませんね。

とにかく香りの持つ力は大きいので、私は、好きな精油の香りを使ったコスメを選ぶのはもちろん、好きな精油の香りをティッシュにしみこませてポケットに入れたりして、楽しんでいます。

47 肌着は締めつけないオーガニックコットン

20代～30代半ばくらいまでは、私はブラジャーはワイヤー入りのものしかつけず、ショーツもごく一般的な合成繊維が入ったタイプのものを選んでいました。体を締めつけていたなーと思います。

体を締めつけると、血流やリンパの流れが悪くなり、体が冷えたり、判断力が落ちたり、自律神経のバランスをくずすことにもつながります。締めつける下着は、老化をうながすストレス性ホルモンのコルチゾールの値を上げる、という実験データもあります。

ナチュラル系のショップで、素敵な女性用のふんどしが売られているのをたまに見かけますが、「パンドルショーツ」という名前でちょっとしたブームだそうですね。ふんどしは、足の付け根のリンパや血管を締めつけず、血流がよくなって冷え性が改善し、生理痛が軽減するということで人気が出てきているようです。

私が、今のように体を締めつけるのが嫌いになったきっかけは、妊娠でした。妊娠すると乳腺が張るのでブラがきつくなり、乳腺を締めつけないためにゆるゆるのハーフトップをつけるのですが、これが思いのほか快適。産後も授乳のため、約2年ハーフトップ生活を続けたところ、とても体が楽で、冬に手足の冷えを感じることもなくなったのです。

現在はさすがにハーフトップではありませんが、ノンワイヤーのコットンのブラをチョイスし、休日家にいるときは何もつけません。

ガードルやボディスーツなどは妊娠前からつけてはいませんでしたが、産後も、お腹を締めるウエストニッパーなどはつけませんでした。ショーツもヒップハングのLサイズを選び、そのうちズボンもゴムのスパッツを好むようになり、ボタンのあるパンツやジーンズもまったくはかなくなりました。

いかにも油断してお腹が出てきそうですが、野菜と魚中心の和食生活で、生野菜を食事の最初に食べる酵素生活をしながら、おっぱいをジャンジャン赤ちゃんにあげているうちに、どんどんお腹は凹み、伸びたお腹の皮もキュッと締まりました。

体を締めつけなくなってから、風邪をひきにくくなり、平熱は上がり、体はどんどん楽になりました。

また、締めつけないだけでなく、体に直接触れるものはできるだけ自然素材のものを好むようになりました。体の感覚が鋭敏になったのか、アクリルのものをつけると、通気性が悪くて熱がこもっていることを自覚できるようになったのです。

現在、下着とキャミソールと靴下はすべてコットン100%で、できるだけオーガニックコットンのものを選んでいます。

綿は、葉緑素で染まらないように大量の枯葉剤を空中散布してから収穫するそうで、世界の3分の1の農薬は綿の栽培に使うといわれているほど、農薬漬けの植物です。残留農薬は野菜を下回るくらいなので、できあがった衣類にはそんなには残留していませんが、オーガニックコットンは製造過程で化学薬品を使わずにつくられているものも多いので、その点でも安心です。

私は、下着はオーガニックコットンのミュッターのもの。靴下はメイド・イン・アースのオーガニックコットンのものですが、夏はほとんど裸足です。裸足でしっかり足の指を広げて、無垢《むく》の木の床を踏みしめる感覚が大好きなのです。

昼間は締めつける見た目のよい下着をつけたいという方も、夜寝るときだけでも、体を解放してみてはいかがでしょうか？　ノーブラで、ゆるいショーツやパンドルショーツをはいて寝るだけで、熟睡度が上がり、冷えも改善されるようですよ。

48 じつは若返りの秘薬⁉ 唾液を増やす方法

1日1ℓくらい分泌されている唾液には、いろいろな作用があります。

まず、消化酵素が含まれているので、消化を補助するという大きな役割があります。口の中に残った食べカスを洗い流したり、リゾチームという殺菌作用のある酵素で虫歯の原因菌をやっつけたり、口臭を予防する働きもあります。初期の虫歯なら、唾液に含まれるカルシウムとリンで修復することもできるんです。また、ペルオキシダーゼという酵素が、食べ物に含まれている有害物質を98％も分解できるので、口の中の免疫でもあります。

このすばらしいシステムを有効に使うためには、食べ物が口に入ったらとにかくよくかむ！　これしかありません。

しかし、現代人は穀類を精製するようになり、食べ物を加熱してやわらかく調理するようになったせいで、あごが退化して小さくなり、かむ力が弱まっています。女性、若者、子どもを中心にその傾向は強く、顔はどんどん小さくカッコよくなっていますが、あごが弱くなっている人が多いのです。

証拠はありませんが、邪馬台国の卑弥呼は歯が丈夫で、死ぬまで1本も歯が抜けなかったため、ある程度の年齢までかなり若く見えたとか、80歳まで生きてかなりの長寿だったという伝説があります。

たしかに古代人の骨を調べると、虫歯や歯周病の形跡がないことは本当のようで、しかも彼らには歯磨きの習慣がなかったそうです。これは、食べ物をかむ回数がとてもなく多かったからではないかといわれています。

神奈川歯科大学の斉藤先生らが、古代から現代までの食事を復元し、学生に食べさせてその咀嚼《そしゃく》回数を計測した実験結果によると、卑弥呼が生きた弥生時代の食事の咀嚼回数は3990回で、現代食はわずか620回だったそうです。

ちなみに弥生時代はどんなものを食べていたかというと、はまぐりの潮汁、あゆの塩焼き、長いもの煮物、かわはぎの干物、のびる、くるみ、くり、もち玄米のおこわ、だそうです。穀物系が硬そうですね。

顔の筋肉の7割は口のまわりに集中していますから、口のまわりの筋肉が弱いと顔全体にシワやたるみができやすくなり、早くに老け顔になる可能性があります。かむ力が弱まると全身の筋力も低下し、力も弱くなります。かむことは脳にも影響するので、よくかめなくなると、脳は活性化しなくなり退化していくそうです。

また、唾液にはバロチンという成長ホルモンの一種も含まれていて、若返りホルモンと呼ばれています。赤ちゃんから20代半ばまではたくさん分泌されていますが、加齢とともに減っていくので、できるだけ増やしていきたいところです。

唾液を増やすために、私は次のようなことに気をつけています。

●食べ物をよくかむ

●梅干しやレモン、酢の物など、酸っぱいものを食べる。「梅ぼしさん」という梅肉をかためただけのお菓子をカバンに常備しています

●口を閉じて舌をぐるぐる回す

●緊張すると唾液は少なくなるので、リラックスする

●マスティックガムなどの砂糖と添加物のないガムをかむ

●唾液腺のある下あごのエラの少し内側あたりを、やさしくくるくるマッサージする

●唾液腺のある耳の手前の頬骨の下あたりを、やさしくくるくるマッサージする

49 歯周病と虫歯に泣かないための私のオーラルケア

30歳以上では、程度の差こそあれ、8割の方が歯周病にかかっているそうです。歯周病は歯を失う一番の原因ですし、最近では糖尿病の悪化や、食道がん、すい臓がん、肺炎、流産との因果関係もいわれているので、なんとしても打ち勝ちたいところです。

女性ホルモンの分泌量が増えると、ある原因菌も増殖するそうで、男性より女性のほうが歯周病になりやすいとか。ストレスも関係しているそうなので、注意したいですね。

私のオーラルケアですが、まず歯ブラシを持ち歩き、毎食後に必ず歯磨きをします。

歯磨き剤は、歯のエナメル質を傷めないよう、強い研磨剤を使用していないタイプを選びます。ヴェレダの「歯みがき（ハーブ）」と、マスティックという歯周病菌や虫歯菌を制菌するギリシャの木の樹液と、抗菌作用の高いティートゥリーの精油が入ったジェルタイプの歯磨き剤「マスティックティートゥリープラス」を交互に使っています。

あまりに泡が立つ歯磨き剤の場合は、泡でごまかされて、磨けていないのに磨けたような気になってしまうことが問題。この2つはジェルタイプでよいと思います。

磨きにくい歯の裏側を磨き残すことがないように、上下とも裏側から磨き始めます。必ず鏡を見て、力を入れずに小刻みに1本1本ふるわせるように磨きます。歯と歯ぐきの間にも45度の角度で歯ブラシを当てて、そこも小刻みに磨きます。

歯間ブラシは1日1回、寝る前に使います。自分の歯と歯の間の隙間に合わせたサイズを選ばないと、歯ぐきや歯を傷つけてしまうので要注意。歯間ブラシが入りにくいところは、部分的にフロスを使っています。

仕上げに、エッセンチアの「ヴィシュナ」というプロポリスと精油のサプリメントを水で3倍にうすめたものを清潔な指につけて、歯ぐきをやさしい力でマッサージします。ヴィシュナのかわりに「フィトエナジーミネラル」(38ページ)でマッサージすることもあります。

何となく口の中がすっきりしないときには、ロゴナの「ハーバルマウスウォッシュ」を水にたらしてグチュグチュ。お出かけ先では、SHIGETAの「モーニング・スパーク」という精油のブレンドを1滴なめることも。気分がリフレッシュしますよ!

50 自宅の空気をきれいにしたい！

人間が口の中に入れるもので、一番多いのは「自分の家の空気」だそうです。一生に摂取する全重量の56％を占めるというのですから、驚きませんか！

ところが、新築の家やマンション、リフォームした家の場合、家の中の空気が汚染されていることがあります。新しく買った家具やじゅうたん、カーテンなどもそうですが、これらから揮発する化学物質が原因で、ご存じのように、ひどい場合はシックハウス症候群と呼ばれるアレルギー症状が出ることも。

症状は目の痛み、かゆみ、鼻水やくしゃみ、頭痛、めまい、じんましん、吐き気、食欲不振など、本当にさまざまです。ひどくなると、わずかな化学物質にも反応してしまう化学物質過敏症になってしまう方もいます。

家を建てるときには、たくさんの化学物質が使われます。

現在、住宅に使われている木はほとんどが輸入建材で、日本に来るまでに輸送に時間がかかるし、港の倉庫で長期間放置されることもあるため、殺虫剤や防カビ剤を燻《くん》蒸《じょう》されていることが多いようです。輸入果物などのポストハーベストと同じですね。

クロスや木材の合板などには接着剤や塗料などが使われ、ここからもホルムアルデヒド、トルエン、キシレンなどの化学物質が揮発してきます。最近では、漆喰《しっくい》や珪藻《けいそう》土《ど》の壁にも化学薬品が入っていることがあるそうです。マンションなどはとくに気密性が高く、こうした揮発物がなかなか消えないこともあるそうです。

こうした化学物質は、たとえアレルギーにならなくても、体内で活性酸素を発生させるので老化を促進します。一生のうちに口に入るものの56％ともなれば、その影響はアンチエイジング的にも大きいと思います。

新築マンションに入居する場合は、すぐには引っ越ししないで、換気をしつつ、3か月くらいたってから引っ越すというのもひとつの手ですね。また揮発性の化学物質は、湿度や温度が高いと、よけいに揮発しますので注意が必要です。

シックハウス症候群は、ダニやカビやホコリなどがあると悪化しやすいので、「HEPA」フィルターが入っている空気清浄機がオススメです。HEPAフィルターとは0・3マイクロメートルの微粒子を、99・97％以上集塵《しゅうじん》することを保証する高性能のフィルターで、たとえばシャープの「プラズマクラスター」などに入っています。

もうひとつの作戦は「ＦＦＣテクノロジー」といって、木材・建材・クロスなどの素材に、水溶性の２種類の鉄分をしみこませる技術です。室内の化学物質の害を中和し、空気を改善して、アレルギー症状を抑えたり、カビやダニの繁殖を抑えたり、室内の善玉菌を増殖させ、悪玉菌が繁殖しにくい免疫力が高まる環境をつくり出すそうです。

千葉大学の実験では、人の培養角質細胞に、ＦＦＣ加工をした木片を１㎝間をあけて近づけて５日間経過した皮膚細胞は、そうでない皮膚細胞に比べて２倍に増殖していたそうです。

この空間にいるとお肌の新陳代謝がよくなるので、「美肌住宅」と呼ばれています。住宅を建てる前が一番ですが、建てたあとでも、壁になら施工可能な場合もあります。


住宅建材によく使われる杉は、やわらかくて水分を多く含むため、乾きにくい性質があります。乾かないと腐ったりカビたり、虫がつきやすくなるので、国産であっても早く乾かすために１００℃近い高温蒸気乾燥が当たり前になっています。

木にも酵素がありますが、野菜と同じく48℃で性質が変わってしまいます。そのうえ100℃以上では木の強度を支えるリグニンや防虫作用のある精油成分も飛んでしまいますし、反りや割れも生じやすくなります。杉の木は、本当は48℃以下の低温乾燥か、自然乾燥が一番よいそうです。48℃以下の低温乾燥をした杉の木には、森林浴効果があり、丈夫で反りや割れもほとんど生じません。

これから家を建てられる方は、ぜひ建材の木にも目を向けてほしいなと思います。こういう施工は、神奈川県の「民家工房　常栄」さんが行なってくれます。FFC加工だけなら、「FFC免疫住宅」で検索すると、全国にもいくつか工務店が見つかります。

また、ペンキやワックスなどを家で使うときは、ドイツのリボス社、AURO、オスモカラーなど、化学物質フリーのブランドのものがいいと思います。こういうものは、空気をほとんど汚しません。

私は、カビなどが気になる季節には、抗真菌（カビ）作用の高い精油でルームスプレーをつくっています。これをスプレーすると、部屋の空気が浄化されます。ラベンダー、ティートゥリー、レモングラス、シダーウッド、ゼラニウム、ローズマリーシネオールなどが効果的です。

カビよけスプレーの作り方

1

スプレー容器に無水エタノール10mℓ入れ、そこに精油を12滴（1種類でもブレンドしてもOK）を加えます。容器を振ってよく混ぜ合わせます。

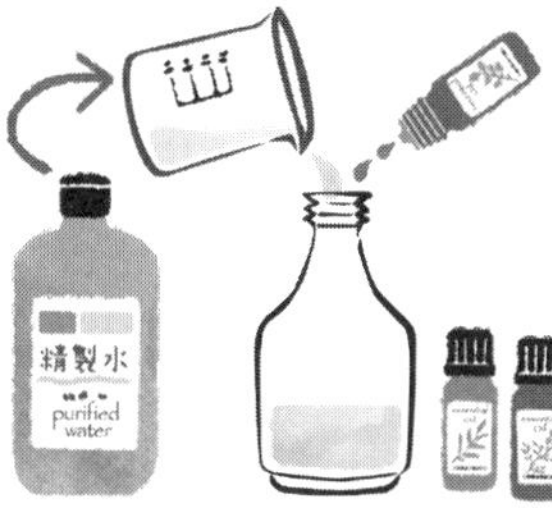

2

精製水50mℓを加えて、容器を振ってよく混ぜあわせて、できあがり。

3

お掃除のあとなどに部屋全体にスプレーします。その都度よく振って使ってください。

※スプレー容器はガラス製またはＰＥ（ポリエチレン）製にしてください。

51 電磁波をできるだけ避けています

老化をうながす活性酸素を発生させてしまうものはいろいろありますが、電化製品や送電線からの「電磁波」もそのひとつです。

電磁波の発がん性については、昔から各国で議論されてきましたし、白血病や脳腫瘍、流産などに関連するという調査結果もあります。携帯電話と脳腫瘍の関係も、かねてからずっと指摘されてきました。

中でも私が怖いと思ったのは、フランスの大学で行なわれた鶏の卵60個を孵化《ふか》機に入れて、携帯電話を通話状態にして中央部分から1㎝上のところにおいた実験です。携帯電話をおいていないグループの死亡率が12％なのに対して、おいていたほうは、73％の比率で、卵が孵化せず死んでしまったのです。その差なんと6倍！

日本は電磁波問題についてはずっと腰が引けている状態でしたが、2010年に、携帯電話の電磁波の危険性を示唆するはじめての研究結果が出ました。携帯電話を1日20分以上使うと、聴神経腫瘍のリスクが増えるという結果が出たのです。2011

年には、国際がん研究機関の専門家によって、携帯電話を使うと特定の脳腫瘍を引き起こす恐れがあるという報告書がまとめられました。

家電などと違って、携帯電話は、低周波だけでなく機器自体が高周波の電波を発信し、直接耳に当てて通話すると、アンテナから発生する電磁波の5割以上も頭部に吸収されてしまうところが問題です。

とくに子どもの頭蓋骨は未成熟で、頭部への電磁波の吸収率が高いため、イギリスやドイツでは子どもの使用に警告を出しています。また、腰のポケットに入れているだけでも、精子の数が減ったり、不妊への影響が指摘されています。胸のポケットに入れていると、心臓への影響が懸念されるそうです。

とにかく頭部との距離を保つことが大切だそうで、通話するときはイヤホンマイクやハンズフリー機能を使うのがいいようです。

私は昔から、極力、携帯電話では通話しないようにしています。家にいるときにかかってきたときは、たいてい家の電話からかけ直しますし、外に持ち歩くときには必ずカバンに入れ、かかってきたら極力早めに切ります。

絶対しないほうがいいのは、充電しながら携帯で長電話すること。携帯電話の高周波と充電器側の低周波の、両方の電磁波にさらされることになるので、ダブルで被曝してしまいます。私は電磁波測定器を持っているのですが、これで携帯電話の電磁波を測ると電源を入れて、通話もネットもしていない状態で76・4ミリガウスありました。ショックだったのは、電源を切っても16・7ミリガウスもあったことです。

目覚ましがわりに枕元においている方は、頭から50㎝以上は離したほうがいいと思います。充電しながら枕元におくのはさらによくありません。しかも、これは低周波だけの数字で、通話中の高周波も合わせたら、とんでもない被曝量かと思います。

携帯電話は、機種によって電磁波への影響に違いがあります。携帯電話会社が「SAR値」という頭部への電磁波の吸収率を数値化したものを、機種ごとに測ってホームページに公開していますので、新規機種を購入する際の参考にするのもいいと思います。

現代は電化製品に囲まれているので、あまり神経質になりすぎると暮らしていけませんが、家電製品は1m以上離れればたいていは1ミリガウス以下になり、2m以上離れれば大半の製品でリスクが避けられます。とにかく距離を取ることが大事です。

最近の家電は電磁波対策をしているものが多く、テレビや冷蔵庫、洗濯機などの大型家電は、まず安心です。ただ、小型扇風機とか加湿器とか小さな家電には対策が取られていないものもあるので、気をつけたいところです。

その機能上、どうしても距離が取れないのはＩＨクッキングヒーター。しかも、家電の中では非常に強い電磁波を出します。正面に立ったとき、もっとも高いもので約１５０ミリガウス、低くても70ミリガウスくらいあるといわれています。１ｍ離れていると調理できないので、避けようがありません。

もうひとつはヘアドライヤー。これも大変強い電磁波が出ているものが多く、しかも頭部に近づけて使うものなので問題です。私は低電磁波タイプの「ロールセラミックトルマリンドライヤー」（フカイ工業）を使っていますが、これだと送風口からが１・６ミリガウスくらいで、ふつうのものより低いです。

それから、本体とモニターが合体しているノートパソコンは、とくに裏側から電磁波が出ているので、膝にのせて使うのはやめたほうがいいと思います。

電磁波に囲まれる生活をしている人は、体内にも静電気が相当たまっているという説があります。体内静電気はあらゆる体調不良の原因になるのですが、これを抜くには、海や山などに出かけて、土に触れたり、裸足で砂浜を歩くとよいそうですよ。

52 36歳の自然分娩、私の場合

「ナチュラル・アンチエイジングの習慣」というこの本の趣旨からは少し外れますが、この章の最後に、私の出産のときのことについてお話ししたいと思います。どう産むかということは、自分自身のその後の人生にとってもとても大切なことだと思いますし、ナチュラル・アンチエイジングの大切な通過点のひとつだとも思うからです。

私は7歳の男の子の母親です。カイロプラクターになったのが31歳でしたから、学校を卒業して街の治療院で臨床経験を積み、少し落ち着いた36歳で出産しました。

高齢初産のくせに、私には以前から「出産するなら自然分娩《ぶんべん》をしたい」という漠然とした希望がありました。「フリースタイル出産」といったほうがわかりやすいかもしれません。

私は若い頃から出産に対して「痛い」「怖い」「苦しい」とかなりネガティブなイメー

ジを持っていて、そのことが出産年齢を遅らせてしまった原因のひとつでもありました。出産は怖いけれども、過剰な医療介入のない自然分娩であれば恐怖が少し和らぎます。

いろいろ調べて、東京の高井戸にある、分娩台のない小さな病院を選びました。助産院でとも考えたのですが、高齢初産であるため、医師のいる病院のほうがリスクが少ないだろうという判断でした。

そもそも私は、なぜこんなに出産に怖いイメージがあるのか考えてみました。テレビや映画での痛く苦しそうな分娩台での出産シーン、親世代から聞く味気ない病院出産の話。そのどれもに、何となくネガティブなイメージを持ってしまったのです。

とくに私が嫌だったのが「会陰《えいん》切開」です。会陰は膣《ちつ》の出口と肛門の間なのですが、初産の場合は病院出産であればたいてい、パチンとはさみで切られるのです。赤ちゃんの頭が出やすいようにと行なわれるのですが、自然に切れたら傷口が縫いにくいとか、自然裂傷は肛門まで裂ける場合があるという理由もあるようです。

しかし、私が出産した病院の先生のお話によると、会陰は本来とても伸びやすい部分で、切れたとしても十分に伸びてから自然裂傷するので、ほとんどの場合、切れてもほんのちょっぴり。現にその病院では、切れた人はほとんどいませんでした。

先生によると、そもそも分娩台での仰向けの分娩姿勢が、会陰裂傷の大きな原因になるそうです。

産道の角度は体の前方に向かって「く」の字になっています。仰向けで産むことは、重力に逆らい天に向かって子どもを産むこと。仰向けだと腰椎や仙骨が圧迫されるので、骨盤が開きにくいし、子宮の後ろにある大動脈と大静脈は圧迫されて血流が悪くなるために、赤ちゃんの心拍数も落ちやすくなります。おまけに仰向きでいきむと、すべての力が会陰にかかります。だから切れやすいのだそうです。

たしかに自然界を見渡してみても、仰向けで出産する動物などいません。なぜこんな不自然な分娩方法がまかり通っているのか？　それはすべて「医療介入しやすい」、それだけの理由だそうです。

病院出産でない時代は、人々は椅子に座ったり、しゃがんだり、立ったりする姿勢で自由に産んでいました。仰向け姿勢は、分娩監視装置をつけやすい、内診しやすい、会陰切開しやすい、縫合しやすいといった医療処置がしやすいというメリットしかないそうです。

皮肉なことに仰向けの姿勢でいきむことで、お産は不自然になり、難産になりやすくなり、会陰も切れやすいため、最初から切ってしまって、できるだけ早く赤ちゃんを出したほうがいいということになるそうなんです。

現在、医師に対する訴訟の数は産科医がダントツです。そのうえ産科は昼夜問わない激務のため、産科医になる人はどんどん減り続け、産科そのものも減っているようです。

高齢出産が増えたこともあるのでしょうが、病院側はリスク回避のためにますます積極的に医療介入をするようになり、いまや帝王切開率はアメリカの20％に追いつこうとしています。しかも、現代の日本の医療制度は、丁寧に時間をかけて自然分娩を介助した病院より、短時間でも極力医療介入をした病院のほうが、はるかに収入が上がるというシステム。産む側も病院も医師も行政も、すべてが変わらない限りなかなか難しい問題です。

誤解しないでいただきたいのですが、私は、みながみな、自宅分娩や助産院での出産に戻るべきだといっているわけではありません。

病院分娩が主流になった現代は、妊産婦の死亡率は60年前に比べ29分の1に減っています。助かる命が増えたのはすばらしいことですし、必要な医療介入を否定する気はまったくありません。それに、どういう形であれ、出産は女性にとって尊くすばらしい体験だと思います。

でも、出産は本来、病気ではありません。体の声に耳を傾け、医師に産ませてもらうのではなく、自分が産むのだという意識を持って臨みたいなと思います。よく調べて希望に合った病院を選び、いやなことや疑問に思うことはきちんと医師に伝え、そしてなんでもかんでも医師や病院のせいにしないようにしたいな、と。

許しがたいミスは別として、何もかも病院や医師のせいにしていると、別の意味でどんどん自分たちの首を絞めることになるような気がします。

しかし、自然分娩は甘いものではありませんでした。

私の行っていた病院では、自然分娩を実現するため、標準体重の人では体重の増加は6kgまでと指導されます。かなり体重が多い方は1kgも太ってはいけないと指導されていました。太ると産道に脂肪がついて、分娩が困難になりやすいそうです。

食事は、産後おいしいおっぱいを出すための食事とほぼ同じ。あっさりとした野菜中心の和食で、動物性食品は魚がメイン。甘いお菓子はできるだけ控えめにと指導されました。

母体が正常な場合は、安産のためにも絶対に安静にするなということで、毎日3時間のお散歩とスクワット40〜50回の指導がなされました。この効果で足腰が鍛えられ、血液の循環がよくなり、体も締まってやわらかくなり、赤ちゃんの頭もしっかり骨盤にはまって下がり、安産な体へと導かれます。

さて、私の出産は分娩台ではなく、病院の中の畳の部屋に敷かれた布団の上でした。いい陣痛が来るまで散歩をし、動けなくなってからは横向きで寝て、助産師さんと夫にかわりばんこに腰をさすってもらい、いきみをのがしました。本格陣痛が来てからは四つんばいで。これが最高にいきみやすい！

劇団員出身の私は腹式呼吸の訓練が身についていたため、いきむのがかなり得意と判明（笑）。そのまま赤ちゃんの頭は少し出たのですが、すぐ出してしまうと頭の径が大きすぎて会陰が切れると言われ、ゆっくりゆっくり時間をかけて、息子は出てきました。

あれほど恐れていた陣痛は、痛みというカテゴリーではくくれないもので、大きな光の中に包まれているような不思議な体験をしました。過去と現在と未来がひとつになったような、そんな神聖な瞬間。

私にとって出産は、とてもプライベートで精神的な、生き物として次世代に命をつないでいく聖なる儀式のようでした。

わが息子は静かに出てきて、「ふにゃ」といっただけでした。最後まで自分のペースでゆっくり出てきて、部屋は薄暗く、彼を驚かせるものが何もなかったからかもしれません。そしてへその緒はつながったまま、すぐに私の胸の上に抱かれました。驚いたことに、彼は次の瞬間泣くどころか、なんと笑ったのです。私の顔ではなく、夫の顔を見て。

のちに、やはり自然分娩で有名な横浜の病院の院長が、こんなことをいっているのを知りました。

「赤ちゃんは、お腹の中でずっとお父さんに会いたいと思っている。お母さんとは一体だから、もう知っているからね。赤ちゃんは目が見えなくても、ほかに人がいてもお父さんが誰だかわかる。そしてお父さんを見てうれしくて笑うんだよ」

へその緒を夫に切ってもらって、その後も私の胸にずっと抱かれていた彼は、やはり泣かないままでした。近くにあったおっぱいを少し口に含み、そして私の心臓の音を聞きながら、安心したように静かに眠ってしまいました。

5章

NATURAL ANTIAGEING

自分を浄化して豊かになる「ココロ」の習慣

53 ないものを探さず、あるものに感謝する

心は思っている以上に、健康や美容に大きく影響しています。

ストレスが多いと、DNAの端っこにある「テロメア」という部分がどんどん短くなって細胞が老化していくのですが、同じストレス下にあっても、それを強く感じるかどうかで、テロメアの消耗は9～17年の差があるそうです。心の持ち方が老化にも深くかかわっているのですね。

この章では、アンチエイジングのために、私が意識して気をつけている心の持ち方について、お話ししたいと思います。

まず、毎日意識していることは、「すでに与えられているものに感謝する」ということです。人って、すでに与えられているものに対しては、すぐに慣れてしまい、それが存在することが当然だと思いがち。でも、どんなことも本当は、当然でも当たり前でもなく、奇跡のようなありがたいことばかりだなーと思うのです。

今日も生きている――それが一番の奇跡だなと思います。解剖学や生理学を勉強すると、人間の体って本当にすごいとわかります。そして、そんなに複雑な機能を持つ自分が、今日までさほど大きな故障をせずに生きていることに驚くのです。

私たちが私たちとしてこの世に生まれてくる確率は、精子に限れば3億分の1。卵子でいえば700万個の中で選び抜かれた500個のうちの、さらにたったひとつです。しかもそんな選び抜かれた卵子と精子が、うまいタイミングで出合ったとしても、受精がうまくいくかどうかはさらに20％くらいの確率。

私たちはすでに選び抜かれた優秀な生命体であり、生まれてきたこと、それ自体がすでに大きな奇跡なんですよね。

ともに生きてくれる家族の存在もありがたいなと思います。両親の家に生まれてきたのも、夫と結婚して家族になったのも、69億人もの中の、奇跡的な引き合わせ。とくに、血のつながりのない夫や友人がそばにいてくれるのは、強い縁や引き合わせがあったとしか考えられない不思議な出来事です。

ないものに目を向けて不満を感じそうになったときは、すでに与えられているものを当然と思わず、深く感謝するようにしています。そう考えたとたん、毎日がキラキラと輝き始めますよ。

54 心で女性ホルモンを増やす方法

更年期に入ると、女性ホルモンは徐々に減っていきます。最近では、プチ更年期といって、年齢が若くても、たまにしか生理がこない、冷えやのぼせ、疲労感などの症状が出る人も少なくないようです。

女性ホルモンについては1章でも書きましたが、じつは、心の持ち方次第でも女性ホルモンが増えることがわかっています。

女性ホルモンを分泌しているのは卵巣ですが、卵巣に指令を出しているのは脳にある脳下垂体、視床下部、そしてそのおおもとは大脳辺縁系です。ここが本当の意味での中枢ですね。

大脳辺縁系は、喜び、楽しさ、怒り、悲しみ、恐怖、好き、嫌い、回避、攻撃など、生き物としての基本的な本能や情動が生まれる場所です。ストレスなどで大脳辺縁系の働きが鈍ると、女性ホルモンの分泌指令も鈍ってしまいますが、反対にこの部分を刺激することで、分泌をよくすることもできるのです。

大脳辺縁系の刺激に、効果があるのが「感動すること」。映画でも、読書でも、音楽でも、テレビ番組でも、日常生活の出来事でも、どんなことでもかまいません。

最近、心を動かされたことがありますか？　若い頃はいろいろなことに感動できたのに、「あれ、そういえば……？」という人も少なくないのではないでしょうか？

年を取ると経験していることのほうが多くなるので、「あれと似たようなことね」と、さめていく傾向があるように思います。自分を守るために、あえて物事に動じないようにしているうちに、感動を忘れてしまったという人もいるかもしれません。

でも、毎日を新鮮な気持ちで生きて、些細なことにでも感動を見出すことができたら、女性ホルモンが分泌されるだけでなく、人生そのものがとても楽しいと思います。

同じように「好きな趣味に没頭すること」にも、感動することと同じ効果があるようです。要するに、何かに夢中になることがいいんですね！

もちろん、一番効果があるのは「恋をすること」。既婚者の場合は、芸能人のファンになることでもよいようですよ。いつも、ワクワクドキドキを忘れないで生きていきたいです！

55 ちょうどいい自分サイズの自信を持ちたい

かつて私は劣等感だらけの少女でした。自分のダメなところ、欠点ばかりが気になり、他人と比べては落ちこむことをくり返していました。どうせ私なんてという思いが強く、人生全般にやる気がなかったなーと思い出されます。

まぎらわしいのですが、自分に自信がないということは、謙虚とは違います。謙虚というのは自信がないのではなくて、「自分にはもっと学ぶべきことがたくさんある」ことを知っているということです。「自分がまだまだ成長できると信じている」のが、本当の謙虚だと思います。

知り合いの大学教授に、とても謙虚な方がいます。たとえ相手が年下でも、話をよく聞いて、わからないことは素直に「わからない」といって質問されます。謙虚で、しかも自分に自信がなければできないことだと思います。自信がなければ、必要以上に自分をよく見せたいと思って、年下にものを聞くことなどできないでしょう。

自信がなくて劣等感が強かったかつての私は、いつも自分以外の人のことばかりが気になっていたような気がします。他人からどう見えるかではなくて、まずは、自分自身をちゃんと愛してあげることが何よりも大切なことだと知りました。

自分に自信がないということは、美容においても恋においても人生においても、いい結果を生まないなと、今の私はつくづく思います。

今、私が大事にしていることは「自分サイズの自信を持つ！」ということです。

自分は、自分以下でもなければ、自分以上でもありません。ちょうどいい、身の丈に合った自信を持ちたいのです。頑張ったことは、きちんと評価して肯定してあげ、ダメだったところはきちんと反省して、必要以上に落ちこまないようにしたいと思っています。

自分はダメだダメだと苦しんでいるとき、じっくり考えてみると、そのうしろには「誰かと比べて」とか「本当の自分はこうではない」という傲慢《ごうまん》な思いが見えることがあります。謙虚になれれば、ダメな自分を肯定して、そうでない自分になるための努力ができると思います。

いつもちょうどよい、自分サイズの自信を持って輝いていきたいです！

56

時には大泣き、大笑い！

「笑い」の持つ健康効果について、最近は取り上げられることも増えてきましたね。日本医科大学の吉野教授が行なった、リウマチの患者さんと健康な方に、落語で大笑いしてもらう前とあとで採血をし、血中のある特定の物質がどう変わるかを測定するという実験があります。

リウマチの方の落語を聞く前のデータは、精神的ストレスを受けたときに分泌するコルチゾールというホルモンの値がとても高く、抑うつ状態にあり、炎症があることがうかがえました。

コルチゾールは過剰になると太りやすく、にきび、むくみ、高血圧、糖尿病、月経異常が起こりやすくなるので、アンチエイジングの敵でもあるんです。ところが、落語を聞いて大笑いしたあとでは、コルチゾール値が激減し、炎症反応も減り、逆に炎症を抑える物質が増加したそうです。

ここからが面白いのですが、吉野教授は「笑い」だけでなく、「泣く」ことで数値がどう変わるかについても、同じような実験をしたのです。今度は泣ける人情話の上手な落語家さんにお願いしたそうで、なんとこの実験でも、コルチゾール値がはっきりと下がり、がん細胞をやっつけるＮＫ細胞も活性化したそうです。

どうやら涙には、コルチゾールを排泄する作用があるようです。それは感動の涙に限らず、悲しくて泣いても、くやしくて泣いても何だっていいそうで、泣くという行為自体に意味があるようです。

泣きたいときは、コルチゾール値が上がっているのかもしれませんね。こういうときは我慢せず、思いっきり泣いてみるといいかもしれません。

私はお笑い番組も好きだし、生まれが大阪なこともあって、何ごとにも笑いを見出すのが得意ですが、恥ずかしながら感動屋でもありまして、テレビを見ていても日常生活の中でも、涙もろくて結構すぐに泣いてしまいます。

涙のツボは人それぞれですが、私が自分史上最大級に大泣きした映画は2つ。ティム・バートン監督の「ビッグ・フィッシュ」と、ロベルト・ベニーニ監督の「ライフ・イズ・ビューティフル」です。いろいろな涙がありますが、やはり感動の涙が一番気持ちいいですね。

57 エネルギーは無限大。循環するもの

私はカイロプラクターなので、これまで多くの方の痛みや苦しみ、つらさと遭遇してきました。人の体に触れて施術する仕事でもあるので、「人の心や体の痛みを受けて、具合が悪くなることはありませんか?」と聞かれることがあります。

たしかに、ボディケアの仕事をされている方の中には、施術することでエネルギーを相手に与えてしまい、調子をくずすことがあるとおっしゃる方もいます。

私にはなぜか、こういうことがまったくありません。物理的に忙しくて「体が疲れた～」とか「しゃべり疲れた～」というのはありますが、これは寝れば治ります。少なくとも、自分のエネルギーが減ったという感覚は感じたことがありません。

目に見えないことなので、なかなか説明が難しいのですが、私が思うエネルギーの世界を少し書いてみたいと思います。

人間関係の対応で、エネルギーが出ていってしまった(費やした)としても、出て

いったら、必ず別のところから瞬時に補充されると感じます。エネルギーは出ていくだけのものではなくて、循環しているようです。

それに、自分のエネルギーが誰かのところへ行ったとしたら、私はその人を少しは元気にできたはずで、だとしたらこんなうれしいことはありません。まるで魔法使いみたいじゃないですか。そのことを喜んでいれば、すぐに倍のエネルギーが入ってきます。エネルギーって、そういうものではないかと思います。

エネルギーは無限大です。私たちの体は、この宇宙にあるものでできています。死ねば宇宙に還っていくだけで、消えてなくなるわけではありません。私たちは無限で、私たちは光です。

そもそも、自分だけのエネルギーで生きているわけではないので、「私のもの」と囲って考えるのは幻想だと思います。「私のもの」と囲うものもないかわり、この宇宙すべては私！　すべてはつながっています。

最近、そのことが実感できるようになりました。それを感じていると、空も緑も人も、なんだかキラキラ輝いて見えます。

もし、人にエネルギーを奪われたと感じることがあったら、エネルギーは無限大だということを思い出してみてくださいね。

58 ストレスは悪いことばかりじゃない

ストレスがあると、活性酸素が増えて老化を促進したり、ＤＮＡのテロメアが短くなって細胞が老化したり、コルチゾール値が上がって太りやすくなったり、シミができやすかったり、女性ホルモンが抑制されたりと、アンチエイジング的にはろくなことがありません。

おぎゃあ！と生まれたときに、お母さんと体が離れ離れになる人生最初の最大級のストレスに始まり、人は生きている限り、さまざまな変化や刺激を受けます。育ってきた環境が違う人たちと、同じ部屋で勉強したり働いたりすることも大きなストレスですし、まったくの他人といっしょに暮らして、子どもをつくって新しい家族になることも、大変な冒険です。

そもそも生きること自体がストレスの連続なのですから、ストレスを避けていても問題は解決しません。私の理想は、「ストレスを楽しむ！」です。新しい場所や経験にはストレスがつきものですが、同時に新しい出会いや感動もあります。思いどおりにいけばもちろん楽しいですが、失敗したことのほうがなぜか思い出に残ったりしますし、同じ失敗はくり返さないように気をつけることもできます。

考えてみれば、ストレスによってここまで成長してきたともいえますね。

私は昔、いろいろなことが困難に思えて、それこそストレスだらけの人生を送っていました。その頃は、ストレスを感じるのが嫌で、次々に起こる問題から「とにかく逃げたい」という気持ちが強かったように思います。

けれどあるときから、自分に起きる問題は、自分のせいでないようなことも含めてすべて自分の責任であり、逃げずにひとつひとつクリアしない限り、同じ問題が形を変えて何度でもやってくると考えるようになりました。そして、真正面から向き合うようになりました。

逃げずに向き合うという、ただそれだけの変化でしたが、自分の問題としてとらえてベストを尽くすことによって、すべては、私を成長させてくれる出来事だと思えるようになりました。そして、いつのまにか、ストレスに苦しむことは少なくなったように思います。

59 目に見えないことを大切にしたい

「目に見えないことを大切にしたい」

私が人生で一番大事にしたいことは、これかもしれません。目に見えることの裏には、目に見えないことがぴっちり存在していることを、いつも忘れずにいたいと思っています。

大気汚染も、活性酸素も、残留農薬も、過剰な電磁波も、ナノ粒子も、目には見えません。でも、目には見えなくても、確実に私たちの老化を促進します。

目に見える表面だけをいくらお化粧できれいにしたところで、血液がドロドロで、腸内細菌のバランスが悪く、体内が活性酸素だらけだったとしたら？　人工的な美しさにしか見えないかもしれませんし、ある時期を境にいくらメイクを重ねても不健康そうに見えてしまうかもしれません。

反対に、表面にことさら美しい色のチークや口紅をつけなくても、血液自体に酸素が多く、毛細血管の血流がよければ、肌に負担をかけないナチュラルメイクでも、バラ色の頬と唇になれると思います。

目に見えないものの中で、一番身近なものは「心」です。

見えているものと見えていないものを同じように大切に考えていると、物事はたいてい、とてもスムーズにいきます。見える部分だけ大切にするような考え方は、最終的にはうまくいきません。この2つはペアであり、絶対に切り離せないように思います。

この世の裏にはあの世があり、私たちのうしろには先祖がいます。今の平和のもとには、時代を変えるために奔走したたくさんの方たちがいます。私たちが毎日食べる野菜やお米のうしろには、その流通を支えてくれている販売業者の方、農家の方、そしておおもとには、植物そのものや植物を育む大地の力があります。

目に見えない部分を意識していると、感謝の気持ちを忘れずに過ごすことができます。また、自分が存在し、どう生きていくかということが、どんな未来をつくるかということにもつながっていくことに気づかされます。

目に見えていることは、目に見えていないことのごく一部。いつもそれを忘れずにいたいと思っています。

60 よいイメージを持つようにしています

「目に見えないことを大切にしたい」という前項の話にもつながるのですが、考えることやイメージすることも、目には見えないけれどひとつのエネルギーだと、私は信じています。

言葉には言霊《ことだま》があるといわれますが、「思い」や「念」のような心の言葉は、もっともっと強い言霊を持っていると思うのです。そして、さらに「思い」にもなっていないような映像的な「イメージ」は、じつはその上をいく強い力を持つように感じています。

「こんなことが起こったらどうしよう」という心配や不安は、ときに強いエネルギーとなって現実化してしまうことがあるようです。過去のつらい記憶を心の中でリフレインしてしまうのは、また同じことが起こったときにショックをやわらげようとする防衛本能なのですが、このこと自体が同じ出来事がくり返されてしまう原因にもなります。

よくないイメージは、感謝をしたうえで、スパッと手放してしまいましょう。

私は、頭の中で、よくないイメージをトランクの中にがんがん入れて、鍵をかけ、「この世の果て」と書いたダストシュートにシャーッと捨てるという手放し方をよく行なっています。これ以外に、家族や信頼できる友人に話すということも、手放し方のひとつですね。

私たちはみんな、幸せになるために生まれてきました。楽しむために生まれてきました。

本当の幸せとは、物理的で表面的なものではなく、なんでもない日常に幸せと楽しさを感じることができる「心そのもの」をいうのだと思います。夢を実現するためには、私は、まずこのことに気がつく必要があると思っています。

そして、自分の実現したい夢や、こういう人生を送りたいという理想は、できるだけ具体的にイメージを持ち、こちらのほうを心でリフレインします。イメージだけでなく、言葉に出して人にも話すようにしています。

もちろん実現には、努力やベストを尽くすということも必要ですが、その夢が自分の魂にとって必要なことなら、願いは必ず叶うと私は信じています。

【た】
タカハシソース
☎0495-24-1641
http://www.takahashisauce.com
茶々
☎0120-987-194
http://www.chacha-cha.com
長寿乃里
☎0120-32-3594
http://www.chojyu.com
天衣無縫
☎045-225-9636
http://shop.tenimuhou.jp
ドクタースマイル
☎03-6805-0515
http://www.dr-smile.jp

【な】
ナチュラピュリファイ研究所/24h コスメ
☎0120-24-5524
http://www.24h-cosme.jp
ナチュラルウェブ
☎03-5388-7516
http://www.naturalweb.co.jp
ニードインターナショナルジャパン
☎055-934-1557
http://www.need-int.jp
日本ビール
☎03-5489-8888
http://www.nipponbeer.jp

【は】
パーフェクトポーションジャパン
☎075-241-3913
http://www.perfectpotion.co.jp
ハンズトレーディング
☎06-6211-9666
http://www.hands-web.co.jp
光食品
☎088-637-6123
http://www.hikarishokuhin.co.jp
フェイスドクター
☎0120-313-323
http://www.facedoctor.jp
プリアベール
☎06-6790-5949
http://preaveil.jp

【ま】
マルカワみそ
☎0778-27-2111
http://marukawamiso.com
まるしげフーズライフ
☎06-6699-7743
http://www.marushigeueda.co.jp
水広場
☎03-3827-3011
http://www.mizuhiroba.jp
ミトク
☎0120-744-7441
http://www.31095.jp/index.php
南日本酪農協同
☎0986-23-3456
http://www.dairy-milk.co.jp
ミハネアイス
☎03-6459-5572
http://mihane.jp
都錦酒造
☎0855-52-2129
http://www.miyakonishiki.co.jp
メイド・イン・アース/チーム・オースリー
☎0120-697-510
http://www.made-in-earth.co.jp

【や・ら】
ヤカベ
☎0120-27-3003
http://yakabe-shop.jp
ゆらぎ
☎0120-979-970
http://www.e-yuragi.com
ロゴナ
☎03-3288-3122
http://www.logona-friends.jp
リブレライフ
☎0120-31-0366
http://www.riblelife-shop.com
リマネットショップ
☎0120-328-515
http://lima-netshop.jp

商品問い合わせ先

※本書の情報は 2011 年 10 月現在のものです。

【あ】

eyeco
☎0120-080-235
http://eyeco.fcart.jp/

アイシスオーガニック生活便
☎042-675-4666
http://www.isis-gaia.net

愛昌
FAXのみ0798-61-3665

会田総合研究所／エコット
☎0952-23-6073
http://www.ecot-ltd.co.jp/

味の一醸造
☎04-2969-1188
http://www.ajinoichi.co.jp

アトワ
☎022-716-7538
http://www.rakuten.co.jp/atowa

アポディア
☎029-823-8189
http://apodea.jp

アムリターラ
☎03-6427-3457
http://www.amritara.com

アリサン／テングナチュラルフーズ
☎042-982-4811
www.alishan-organics.com

アンティアンティ
☎03-5464-0930
http://www.antianti.com

アンブロシア／オーガニック・ネクターズ
☎0120-162-767
http://www.organicnectars.co.jp

飯尾醸造
☎0772-25-0015
http://www.iio-jozo.co.jp

いいヘナ.com
☎0120-38-5838
http://www.rakuten.co.jp/11henna/#head

石澤研究所
☎0120-49-1430
http://www.ishizawa-organic.jp

ヴェレダ
☎0120-070601
http://www.weleda.jp

うるばな宮古
☎03-3354-5613
http://www.musashino-imgroup.co.jp/

エッセンチア
☎011-633-3734
www.twenty-twenty-imports.com

エバニュー MBT Div.
☎03-3649-4710
http://jp.mbt.com/

エム・アール・アイ
☎03-6419-7368
http://mri-beauty.com/c/janeiredale

MIMC
☎03-6421-4211
http://www.mimc.co.jp

オーガニックコットンのミュッター
☎0479-33-0845
http://www.mothers-mutter.com

【か】

鹿北製油
☎0995-74-1755
http://www.kahokuseiyu.co.jp

漢方歯科医学研究所
☎045-871-1222

北見ハッカ通商
☎0157-66-5655
http://hakka.be

健康デザイン
☎0120-775-669
http://www.kenko-d.co.jp

【さ】

サンバリア100
FAX 078-452-3130
http://www.uv100.jp

SHIGETA
☎03-3770-6885
http://www.shigeta.fr

スピルリナ普及会
☎0120-347-308
http://www.rakuten.ne.jp/gold/sp100/

生活アートクラブ
☎0120-43-5511
http://ecodepa.jp

【参考文献】
『酵素が太らない体をつくる!』鶴見隆史(青春出版社)
『究極野菜の誕生』石井吉彦(ナチュラルシード)
『悪魔の新・農薬「ネオニコチノイド」』船瀬俊介(三五館)
『葬られた「第二のマクガバン報告」』T・コリン・キャンベル、トーマス・M・キャンベル(グスコー出版)
『新版日本の長寿村・短命村』近藤正二(サンロード出版)
『100歳まで元気に生きる!』ジョン・ロビンズ(アスペクト)
『日本食品標準成分表準拠　アミノ酸成分表 2010』文部科学省
『AGEs研究の最前線』今泉勉、山岸昌一(メディカルビュー社)
『がんが消えた!』及川胤昭　鶴見隆史(幻冬舎)
『レオナルド・ガレンテ―「長寿遺伝子」を解き明かす』レオナルド・ガレンテ(NHK出版)
『体が若くなる技術』太田成男(サンマーク出版)
『百寿力』白澤卓二(東京新聞出版局)
『セロトニン「脳」活性法』有田秀穂(大和書房)
『図解　経皮毒』山下玲夜,竹内久米司,稲津教久(日東書院本社)
『賢い皮膚』傳田光洋(筑摩書房)
『分娩台よ、さようなら』大野明子(メディカ出版)
『笑いと免疫力』吉野槇一(主婦の友社)

ナチュラル・アンチエイジング
きれいを保《たも》つ60の習慣《しゅうかん》

著者　勝田小百合《かつたさゆり》

デザイン　ヤマシタツトム
イラスト　藤田美穂
カバー撮影　鈴木希代江
ヘアメイク　太島幸樹

発行　株式会社 二見書房
東京都千代田区三崎町2-18-11
電話　03 (3515) 2311 [営業]
03 (3515) 2313 [編集]
振替　00170-4-2639
印刷　株式会社堀内印刷所
製本　合資会社村上製本所

ISBN978-4-576-11148-3　http://www.futami.co.jp